CONTROLE JURISDICIONAL DOS ATOS PRATICADOS POR CPI

REMILSON SOARES CANDEIA
Doutor em Direito pela Universidade Veiga de Almeida (UVA).
Mestre em Direito pelo Instituto Brasiliense de Direito Público (IDP).
Auditor Federal de Controle Externo no Tribunal de Contas da União.
Professor universitário de Direito Administrativo.
Advogado.

CONTROLE JURISDICIONAL DOS ATOS PRATICADOS POR CPI

Del Rey Editora

Belo Horizonte
2017

EDITORA DEL REY LTDA.
www.livrariadelrey.com.br

Editor: Arnaldo Oliveira

Editor Adjunto: Ricardo A. Malheiros Fiuza

Editora Assistente: Waneska Diniz

Diagramação: Lucila Pangracio Azevedo

Revisão: RESPONSABILIDADE DO AUTOR

Capa: Alfstudio

Editora / MG
Rua dos Goitacases, 71- Lj. 20/24
CEP 30190-050 – Belo Horizonte – MG
Tel: (31) 3284-5845
editora@delreyonline.com.br

C216c Candeia, Remilson Soares
Controle de atos praticados por CPIs. / Remilson Soares Candeia. Belo Horizonte: Del Rey, 2017.

144 p.

ISBN: 978-85-384-0484-2

1. Comissão parlamentar de inquérito (CPI), Brasil. I. Título.

CDU: 342.537.7(81)

Dedico este trabalho ao meu saudoso e amado Pai, Geraldo Soares Candeia, a quem tive a honra e a oportunidade de conhecer ainda em vida e de admirar a cada dia que passa, motivo por que é o meu herói e o meu norte nos exemplos e ensinamentos transmitidos. Geraldinho, meu amado pai, muito obrigado!

Dedico também este livro à minha amada e saudosa mãe, Rosa Ferreira Soares, sempre presente ao meu lado nos momentos de alegria e nos momentos difíceis, inclusive nos dias atuais. Dona Rosa, minha amada mãe, muito obrigado!

Agradeço, em especial, a Mariana de Oliveira Pereira Candeia e a Daniela de Oliveira Pereira Candeia, minhas amadas filhas, fonte de inspiração e razão do meu viver pelos constantes incentivos, compreensão, carinho, amor sempre demonstrados reciprocamente.

Agradeço ao Professor Doutor Inocêncio Mártires Coelho, sábio nas observações, ponderações e porto seguro nas orientações, sem o qual não teria até aqui chegado. Muito obrigado!

"Tudo posso naquele que me fortalece."
Filipenses 4,13.

LISTA DE ABREVIATURAS

ABIN	Agência Brasileira de Inteligência
Apud	Consoante, conforme, segundo
AR	Assembleia da República
CC	Código Civil
CF	Constituição Federal
CPI	Comissão Parlamentar de Inquérito
CPP	Código de Processo Penal
DJ	Diário de Justiça
HC	Habeas Corpus
IDP	Instituto Brasiliense de Direito Público
MC	Medida Cautelar
MP	Ministério Público
MS	Mandado de Segurança
MS/MC	Medida Cautelar em Mandado de Segurança
p.	página
pp.	páginas
PR	presidente da República
PrND	Programa Nacional de Desburocratização
RE	Recurso Extraordinário
RE-AgR	Agravo Regimental no Recurso Extraordinário
RICD	Regimento Interno da Câmara dos Deputados
RISF	Regimento Interno do Senado Federal
RMS	Recurso em Mandado de Segurança
STF	Supremo Tribunal Federal
STJ	Superior Tribunal de Justiça
STN	Secretaria do Tesouro Nacional
TCU	Tribunal de Contas da União
TRF	Tribunal Regional Federal
v.	volume

SUMÁRIO

APRESENTAÇÃO

O livro de Remilson Soares Candeia – *Controle jurisdicional dos atos praticados por CPI* – para o qual muito nos honra fazer esta *Apresentação*, aborda tema de instigante atualidade e permanente reconfiguração. Envolvendo questão essencialmente política, em que pese à sua indispensável e legitimadora conformação jurídica, o controle jurisdicional das CPIs talvez seja a zona mais delicada – pelo acinzentado da sua coloração – da sempre imprecisa fronteira entre os poderes do Estado, como evidencia a experiência histórica. Por isso, arriscar-se a desafiar esse tema exige, além de apurada qualificação técnica, uma grande probidade intelectual, tantas e tão diversificadas são as situações em que o estudioso tem que assumir posição entre pontos de vista contrapostos, abandonando a zona de conforto em que se refugiam – e não são poucos – aqueles que se limitam a *descrever* o estado da arte, com a intenção, assim camuflada, de se mostrarem à crítica como cientistas *verdadeiros*, como pensadores objetivos, imparciais e desprovidos de preconceitos, numa palavra, como indivíduos situados fora e acima das disputas ideológicas, numa postura autoilusória que a crítica certeira de Eugenio Raúl Zaffaroni qualificou de *impossibilidade antropológica.*

Lendo o texto de Remilson Candeia sob esse ponto de vista, o que implica assumir-se o *vício da ocularidade*, apontado por Bachelard como característica da cultura ocidental, podemos qualificá-lo como um trabalho sério e despretensioso, que nada fica a dever a quantos já se produziram sobre o tema em nosso País. Por isso, a nosso ver, nele merecem destaque diversas passagens, como aquela em que o Autor analisa o MS nº 26900/DF-STF, no qual que se discutia se Deputados poderiam assistir sessão, em princípio restrita aos membros do Senado Federal, cujo objetivo era decidir sobre a cassação do mandato do Presidente da Câmara Alta. Dando a sua opinião, sucintamente fundamentada, como se verá a seguir, o Autor afirma, sem ressalvas nem rodeios, que o STF tem competência, sim, para conhecer do pedido e julgá-lo como lhe parecer de direito. Eis o que nos diz Remilson Candeia, *verbis*:

> "... ao se verificar uma suposta violação de direito sofrida por membro de uma das Casas do Congresso Nacional em face da outra, uma vez provocado, há de haver a intervenção do Supremo Tribunal Federal para o deslinde do feito, ainda que o assunto seja considerado **interna corporis** pela Casa que, supostamente, teria violado direito dos membros da outra. Os assuntos **interna corporis** não se classificam por meio de conceituação do órgão, mas sim pela natureza jurídica do ato praticado."

Ao tomar essa posição, que reitera e explicita nas considerações finais do seu trabalho, o Autor faz leitura, que lhe parece constitucionalmente adequada, do chamado *Sistema de Jurisdição Única* ou da *Inafastabilidade da Jurisdição*, consubstanciado no art. 5°, inciso XXXV, da Constituição, segundo o qual "a lei não excluirá da apreciação do Poder Judiciário lesão ou ameaça a direito."

Assim interpretado esse preceito constitucional, parece-nos lícito supor que o Autor, mesmo sem dizê-lo expressamente, como que lhe antepôs o termo *nem*, a significar que até mesmo o Legislativo, embora detentor do chamado poder constituinte derivado, de segundo grau ou de revisão, está submetido ao que decidir o STF, se este o fizer "com base na Constituição", uma condição de validade que nada tem de objetiva porque o próprio tribunal — e somente ele — que pode dizer da consistência dos seus julgados. A propósito, lembre-se que os alvores da República, quando do julgamento do célebre pedido de *habeas corpus* em favor dos perseguidos políticos de Floriano Peixoto, Rui Barbosa, invocando a doutrina norte-americana, assim definiu a posição do STF no jogo dos poderes do Estado: "Intérprete final da Constituição, o Supremo Tribunal Federal é o último juiz da sua própria autoridade". (Edgard Costa. Os Grandes Julgamentos do Supremo Tribunal Federal. Rio de Janeiro: Civilização Brasileira, 1° vol., 1964, p.22).

Tal entendimento, de resto decorrente da posição sistêmica das cortes constitucionais, situadas *fora e acima* da tripartição dos poderes do Estado, no dizer de Cappelletti, no Brasil há muito se tornou uma espécie de *communis opinio*, como se lê nesta elegante passagem do clássico Francisco Campos:

Juiz das atribuições dos demais Poderes, sois o próprio juiz das vossas. O domínio da vossa competência é a Constituição, isto é, o instrumento em que se define e se especifica o Governo. No poder de interpretá-la, está o de traduzi-la nos vossos próprios conceitos. Se a interpretação, e particularmente a interpretação de um texto que se distingue pela generalidade, a amplitude e a compreensão dos conceitos, não é operação puramente dedutiva, mas atividade de natureza plástica, construtiva e criadora, no poder de interpretar há de incluir-se, necessariamente, por mais limitado que seja, o poder de formular. O poder de especificar implica margem de opção tanto mais larga quanto mais lata, genérica, abstrata, amorfa ou indefinida a matéria de cuja condensação há de resultar a espécie. (*O Poder Judiciário na Constituição de 1937*, in Direito Constitucional. Rio de Janeiro: Forense, 1942, p. 367.).

Aceito, pacificamente, esse entendimento sobre a posição institucional do STF no sistema jurídico brasileiro, Remilson Candeia afirma e reafirma que os assuntos **interna corporis,** embora, em tese, não se submetam ao crivo do Judiciário, isso não implica dizer que o que ocorre nas CPI passe ao largo de apreciação judicial; antes pelo contrário, pois quaisquer atos que, ao ver do STF, violarem direitos e garantias fundamentais, ainda que autorrotulados como **interna corporis**, mesmo assim estarão sujeitos ao escrutínio da corte, numa palavra, ao seu poder de revisão, ao clássico *judicial review*, para que ela diga, afinal ou inapelavelmente, se tais atos estão conformes com a Constituição, e por isso subsistem, ou padecem de vícios, materiais ou formais, em razão do que se tornam nulos e de nenhum efeito.

Para chegar a essa afirmação-síntese sobre o tema das CPIs, cuja natureza jurídica, poderes e limites ele esquadrinhou com precisão, Remilson Candeia teve de enfrentar, igualmente, outras controvérsias não menos acirradas, qual a da valoração sobre a observância/inobservância de princípios jurídicos e regras de direito, disputas em que se defrontam, entre nós, o já clássico Celso Antônio Bandeira de Mello e o ainda moderno Humberto Bergmann Ávila. O primeiro, como sabido, a sustentar que é mais grave violar um princípio do que transgredir uma regra, "pois aquele visa dar harmonia no sistema em que se insere"; o segundo, a dizer, em sentido contrário, que, sendo as regras enunciadoras de deveres identificáveis ou inteligíveis de plano — o que não ocorre com o fraseado *aberto* inerente aos princípios —, desrespeitar regras é muito mais grave do que desprezar princípios, pois quem viola uma regra sabe "muito bem", claramente e de antemão, o que deve, não deve ou pode fazer em situações específicas, algo sobre o que, assenta Zagrebelsky, os princípios nada nos dizem, diretamente, embora nos ofereçam critérios para *tomar posição* em circunstâncias só aparentemente indeterminadas. Destarte, diante dessas duas espécies normativas, e por essa razão, parece não restar dúvidas quanto à atitude que se deve adotar: às regras "obedecemos", aos princípios simplesmente "prestamos adesão". Mesmo não se filiando a esta última corrente doutrinária, em nada resta comprometida, no particular, a posição do nosso Autor, a qual, de resto, está respaldada, insista-se, pela autoridade de Celso Antônio Bandeira de Mello, mestre que ele invoca, respeitosamente, como tantos outros juristas brasileiros.

Coerente com essa *atitude*, Remilson Candeia enfatiza que as comissões parlamentares de inquérito — obviamente, sem desprezar as regras de direito e outros princípios jurídicos que lhes sejam aplicáveis —, devem observar sobremaneira os princípios que asseguram os direitos e garantias fundamentais, "sob pena de intervenção do Poder Judiciário", uma *intrusão* que o nosso Autor parece achar *natural*, nisto se contrapondo a muitos estudiosos do sistema de freios e contrapesos, para os quais qualquer cesarismo judiciário padece de legitimidade, sobretudo se cotejado com os procedimentos legislativos, que são democráticos por antonomásia. Mas esse é outro problema – o da legitimidade/legitimação da Justiça Constitucional –, que não nos cabe discutir nesta *Apresentação*.

Igual destaque na obra desse estudioso merece o capítulo em que ele aborda o que chamou de *assuntos controvertidos na CPI* – *e.g.* quebra de sigilos bancário, fiscal e telefônico; direito das minorias para criar/instalar CPIs; direito de qualquer pessoa manter-se silêncio nesses órgãos de investigação; interceptações telefônicas; e direito de petição, entre outros –, todo um feixe de discussões que estão apenas começando em nosso ordenamento jurídico. Conquanto sucinta a sua opinião, no particular, até porque ainda são escassos os estudos e julgados sobre esses temas, mesmo assim merece elogios a abordagem do nosso Autor, na medida em que ele fornece informações adequadas e atualizadas acerca dos tópicos desenvolvidos nesse capítulo.

O mesmo pode-se dizer com relação à sua abordagem sobre os remédios processuais aviáveis no âmbito das CPIs – nomeadamente, o *mandado de segurança* e o *habeas corpus* –, instrumentos constitucionais que ele considera manejáveis por quem sofra ou esteja na iminência de sofrer violação a direito seu ou de outrem, em decorrência de atos praticados no seio dessas investigações parlamentares.

Em razão do seu indiscutível valor doutrinário, não temos dúvida em vaticinar que este *Controle jurisdicional dos atos praticado por CPI*, de Remilson Soares Candeia, terá a melhor acolhida na comunidade jurídica brasileira, cuja vigilância crítica é indispensável para só consumirmos produtos intelectuais de primeira qualidade.

INOCÊNCIO MÁRTIRES COELHO

I
INTRODUÇÃO

O presente trabalho consiste na abordagem do tema relativo ao "Controle Jurisdicional dos Atos Praticados por Comissão Parlamentar de Inquérito – CPI", instaurada pela Câmara dos Deputados, Senado Federal e Congresso Nacional.

Tema de controvertidos conflitos e polêmicas, esse assunto diz respeito a todas as casas legislativas do País, nos âmbitos federal, estadual, distrital e municipal, pois é reticente a instauração desse procedimento de controle exercido pelo Poder Legislativo.

Esse tema é polêmico em razão da possibilidade de o Poder Judiciário controlar o Poder Legislativo, o que poderia ensejar violação à Tripartição de Poderes consagrada em Montesquieu, já que as comissões parlamentares de inquérito inserem-se na competência fiscalizadora deste Poder.

A tutela jurisdicional prestada pelo Supremo Tribunal Federal, como regra geral, não adentra os atos **interna corporis** praticados pela Administração, onde, em contraposição ao Poder Judiciário, se encontram as comissões parlamentares de inquérito.

Contudo, o fato de a CPI ou a Administração classificar um ato como **interna corporis** não implica, por si só, o afastamento da possível tutela jurisdicional em face da ilegalidade de determinados atos por ela praticados, pois, acima disso, está a natureza do ato. Dessa forma é que cabe perquirir acerca dos limites para o Poder Judiciário adentrar a análise do ato praticado pela CPI.

Para a consecução deste trabalho, então, serão observados os seguintes capítulos no desenvolvimento: Tripartição de Poderes sob o Enfoque do Controle, Comissão Parlamentar de Inquérito, Assuntos **interna corporis** da Comissão Parlamentar de Inquérito, Princípios Aplicáveis à CPI, Assuntos Controvertidos na CPI, Remédios Processuais em Face dos Atos Praticados por CPI, Considerações Finais.

Não há pretensão de esgotar o tema, polêmico e controverso, que abarca a atuação eminentemente dos Poderes Legislativo e Judiciário, mas apresentar uma possibilidade exegética, com as peculiaridade e as restrições verificadas em alguns casos concretos, sobre o controle jurisdicional dos atos praticados por comissão parlamentar de inquérito.

Além deste capítulo introdutório, o segundo tratará da Tripartição dos Poderes sob enfoque do controle. Não basta consignar a competência específica dos Poderes Executivo, Judiciário e Legislativo. Mister se faz apresentar os pontos de interceção entre eles, a fim de estabelecer os contornos dos controles exercidos pelos respectivos Poderes. Eis o enfoque desse capítulo: Tripartição de Poderes com enfoque nos respectivos controles de um Poder sobre o(s) outro(s).

O terceiro capítulo versará especificamente sobre comissão parlamentar de inquérito, nos aspectos da natureza jurídica, instauração, competência, poderes, reserva jurisdicional e consequências dos achados de suas apurações.

O próximo capítulo analisará os assuntos **interna corporis** da CPI. Identificar esses atos e a possibilidade constitucional de sobre eles exercer o controle jurisdicional é o objetivo desse tópico.

O quinto capítulo apresentará os principais princípios a serem observados pela Comissão, bem como pelo Poder Judiciário em face do controle exercido sobre os atos praticados pela CPI, como requisito para desenvolvimento válido e regular do processo, tanto no âmbito da comissão parlamentar de inquérito, quanto no do Judiciário.

O sexto capítulo tratará de temas controvertidos no âmbito da CPI. Para melhor didática do desenvolvimento desse tópico, serão analisados casos concretos submetidos à apreciação do Supremo Tribunal Federal – STF, sempre com enfoque na interpretação autência realizada por esta Corte.

Falar sobre o controle exercido pelo Judiciário sem adentrar os remédios processuais destinados a garantir essa intervenção implicaria um vácuo de difícil preenchimento entre esta obra e os objetivos desenvolvidos. Nesse sentido, o sétimo capítulo destinar-se-á a apresentar os institutos por meio dos quais o Poder Judiciário poderá ser movimentado, a fim de prestar sua tutela jurisdicional ante lesão ou ameça a direito por atos praticados por aquela comissão.

Em seguida, far-se-ão as considerações finais, com o objetivo de permitir o fechamento das idéias perseguidas durante a consecução deste trabalho.

Para se alcançar esse objetivo, foram delimitados os assuntos que guardam relação com comissão parlamentar de inquérito, no âmbito do Congresso

Nacional, motivo por que, por vezes, não se aprofundarão determinados tópicos, em virtude da necessidade de outros serem investigados mais de perto.

A partir daí, foram feitas diversas pesquisas, tais como: literatura sobre o tema, consulta ao sítio do Supremo Tribunal Federal, legislação, periódicos e diversos artigos relativos ao tema.

Ao final deste trabalho, pretender-se-á satisfazer à seguinte pergunta: quais são os limites do controle exercido pelo Poder Judiciário, entenda-se, no caso concreto, Supremo Tribunal Federal, em face dos atos praticados por comissão parlamentar de inquérito no âmbito do Congresso Nacional?

Joseph Ratzinger (Papa Emérito Bento XVI) registrou no prefácio de seu livro "Jesus de Nazaré": "Todos são livres para me contradizer. Peço apenas aos leitores e leitoras aquela simpatia antecipada, sem a qual não existe nenhuma compreensão".

Todas as ponderações, as sugestões, os questionamentos... serão muito bem-vindos sempre que haja como norte o bom debate jurídico, do qual não se furta o autor, que pode ser estabelecido em canal direto por meio do e-mail remilson.candeia01@gmail.com.

Convido a todos que, de alguma forma, tenham interesse sobre o assunto a percorrerem o texto e a formularem sugestões que possam aperfeiçoar este trabalho.

Boa leitura!

II
TRIPARTIÇÃO DE PODERES SOB O ENFOQUE DO CONTROLE

O Brasil Império contemplava quatro Poderes, quais sejam: Executivo, Legislativo, Judiciário e Moderador. Este era exercido pelo Imperador, além das atribuições da função de Chefe de Estado.

A Constituição de 1824[1], outorgada por D. Pedro I, contempla, em seu Título 3°, os Poderes e a representação nacional, conforme descrito nos arts. 9° a 12, **in verbis**[2]:

> Art. 9° A divisão e harmonia dos Poderes Políticos é o princípio conservador dos direitos dos cidadãos, e o mais seguro meio de fazer efetivas as garantias que a Constituição oferece.
>
> Art. 10 Os Poderes Políticos reconhecidos pela Constituição do Império do Brasil são quatro: o Poder Legislativo, o Poder Moderador, o Poder Executivo e o Poder Judicial.
>
> Art. 11 Os representantes da Nação brasileira são o Imperador e a Assembléia Geral.
>
> Art. 12 Todos estes Poderes no Império do Brasil são delegações da Nação.

Contudo, o Poder Moderador devia ser compreendido no contexto do tempo em que foi instituído, cuja competência era do Imperador.

Ives Gandra da Silva Martins assim noticia a relevância desse quarto Poder, mencionando Brás Florentino Henrique de Souza[3]:

---

1 NOGUEIRA, Otaciano. Constituições Brasileiras: 1824. Brasília: Senado Federal e Ministério da Ciência e Tecnologia, Centro de Estudos Estratégicos, 2001, p. 81.

2 Sahid Maluf (in Teoria Geral do Estado. São Paulo: Saraiva, 23ª ed., 1995, p. 16) define nação nos seguintes termos: "Nação é uma entidade de direito natural e histórico. Conceitua-se como um conjunto homogêneo de pessoas ligadas entre si por vínculos permanentes de sangue, idioma, religião, cultura e ideias".

3 Sahid Maluf (in Teoria Geral do Estado. São Paulo: Saraiva, 23ª ed., 1995, p. 16) define nação nos seguintes termos: "Nação é uma entidade de direito natural e histórico. Conceitua-se como um

Braz Florentino Henrique de Souza, em páginas clássicas e ainda atuais, enalteceu o quarto poder constitucional, que permitiu, no 2º Império, o mais longo período de estabilidade política, desde a independência do Brasil até os dias atuais.

O Poder Moderador foi extinto por meio da Carta Magna de 1891, a qual estabelecia a existência tão-somente dos outros Três Poderes, conforme consignado em seu art. 15, nos seguintes termos[4]: Art. 15. São órgãos da soberania nacional o Poder Legislativo, o Executivo e o Judiciário, harmônicos e independentes entre si.

Enfatize-se que essa tripartição de poderes montesquiana perdura até a Constituição Federal atual[5].

Acerca da tripartição de poderes, não se pode olvidar um esboço da divisão de poderes contemplados em Locke[6], cuja necessidade de as leis humanas estarem em consonância com as leis da natureza impunha segregação das funções exercidas pelos Poderes Legislativo e Executivo. Embora houvesse essa separação de funções entre Legislativo e Executivo, havia uma nítida subordinação deste àquele.

Além desses dois Poderes, Locke também menciona um terceiro: Poder Federativo[7], voltado para as relações internacionais do Estado, como, por exemplo, declarar e celebrar a guerra ou a paz e formular acordos.

Verifica-se, portanto, em Locke uma espécie de separação de poderes, mas sendo que um se subordinava ao outro, ou seja, não havia independência entre eles.

Contudo, a teoria da separação dos poderes, com ênfase na liberdade dos cidadãos, ganha evidência em Montesquieu[8], segundo o qual a atividade do Estado compreende as funções executiva, legislativa e judiciária, requisito essencial para se alcançar essa liberdade. Daí por que a existência da tripartição das atividades do Estado entre o Poder Executivo, o Poder Legislativo e o Poder Judiciário.

---

conjunto homogêneo de pessoas ligadas entre si por vínculos permanentes de sangue, idioma, religião, cultura e ideias".

4 BALEEIRO, Alimoar. Constituições Brasileiras: 1891. Brasília: Senado Federal e Ministério da Ciência e Tecnologia, Centro de Estudos Estratégicos, 2001, p. 80.

5 O art. 2º da Constituição Federal de 1988 assim contempla os Poderes da União: "Art. 2º São Poderes da União, independentes e harmônicos entre si, o Legislativo, o Executivo e o Judiciário."

6 LOCKE, John. Segundo Tratado sobre o Governo. São Paulo: Abril, 1978, p. 87.

7 LOCKE, John. Segundo Tratado sobre o Governo. São Paulo: Abril, 1978, p. 234.

8 MONTESQUIEU, Charles Luis de Secondat. Do Espírito das Leis. Tradução de Jean Melville. São Paulo: Editora Martin Claret Ltda., 2006.

No mesmo sentido, sob a influência dos ideais da Revolução Francesa, o art. 16, da Declaração dos Direitos do Homem e do Cidadão, aprovada em 26 de agosto de 1789, na França, consagra que "A sociedade em que não esteja assegurada a garantia dos direitos **nem estabelecida a separação dos poderes não tem Constituição**"[9]. (grifou-se)

Assim se manifestou Montesquieu acerca dessa liberdade, como garantia do cidadão[10]:

> A liberdade política, em um cidadão, é essa tranquilidade de espírito que decorre da opinião que cada um tem de sua segurança; e, para que se tenha essa liberdade, cumpre que o governo seja de tal modo que um cidadão não possa temer outro cidadão.
>
> Quando em uma só pessoa, ou em um mesmo corpo de magistratura, o poder legislativo está reunido ao poder executivo, não pode existir liberdade, pois se poderá temer que o mesmo monarca ou o mesmo senado criem leis tirânicas para executá-las tiranicamente.
>
> Também não haverá liberdade se o poder de julgar não estiver separado do poder legislativo e do executivo. Se o poder executivo estiver unido ao poder legislativo, o poder sobre a vida e a liberdade dos cidadãos seria arbitrário, pois o juiz seria o legislador. E se estiver ligado ao poder executivo, o juiz poderia ter a força de um opressor.
>
> Tudo então estaria perdido se o mesmo homem, ou o mesmo corpo dos principais, ou o dos nobres, ou o do povo, exercesse estes três poderes: o de criar as leis, o de executar as resoluções públicas e o de julgar os crimes e as querelas dos particulares.

Em que pese a existência dessa divisão de funções em poderes, não se questiona que o poder do Estado é uno e indivisível. Embora alguns autores sustentem a inadequação da expressão separação de poderes, em razão de se tratar de uma distribuição de funções, entende-se ser mais apropriada a expressão tripartição de poderes para definir os limites e as competências de cada Poder do Estado em face do outro, conforme delimitado pela Constituição Federal.

Da mesma forma que pode ser concebida a separação de poderes como instrumento para se assegurar a liberdade do cidadão, não se desconsidera que ela também pode indicar um princípio de organização política[11].

---

9 Artigo obtido por meio da Biblioteca Virtual de Direitos Humanos da Universidade de São Paulo, no site: http://www.direitoshumanos.usp.br/counter/Doc_Histo/texto/Direitos_homem_cidad.html.

10 MONTESQUIEU, Charles Luis de Secondat. Do Espírito das Leis. Tradução de Jean Melville. São Paulo: Editora Martin Claret Ltda., 2006, p. 166.

11 KELSEN, Hans. Tradução de Luís Carlos Borges. Teoria Geral do Direito e do Estado. São Paulo: Martins Fontes, 4ª ed., 2005, p. 385.

Hans Kelsen, ao falar sobre separação de poderes, assim se manifestou[12],[13]:

> O conceito de 'separação de poderes' designa um princípio de **organização política**. Ele pressupõe que os chamados três poderes podem ser determinados como três funções distintas e coordenadas do Estado, e que é possível definir fronteiras separando cada uma dessas três funções. (grifou-se)

Além de aumentar a eficiência do Estado, essa tripartição de poderes possui o objetivo fundamental de garantir a liberdade individual, pois quanto mais concentrado o poder nas mãos de uma única pessoa, mais próximo da tirania encontra-se o governo.

Na concepção de Montesquieu, os Poderes Executivo, Legislativo e Judiciário são independentes e harmônicos entre si e estão intimamente associados à ideia de Estado Democrático de Direito, ou seja, ao Estado que cria e se submete às leis que elaborou. Essa tripartite divisão veio a ser incluída na maioria das constituições modernas.

Entretanto, essa divisão de poderes não se apresenta absoluta, ou seja, não resta identificada perfeita independência entre esses Três Poderes, motivo por que se originou a construção doutrinária do **sistema de freios e contrapesos**, também conhecido como *checks and balances*.

---

[12] HANS, Kelsen. Teoria Geral do Direito e do Estado. Tradução de Luís Carlos Borges. São Paulo: Martins Fontes, 4ª ed., 2005, p. 385.

[13] Kelsen, ainda sobre separação dos poderes, leciona que: "As funções originalmente combinadas na pessoa do monarca não foram 'separadas', mas antes divididas entre o monarca, o parlamento e os tribunais. Os 'poderes' legislativo, executivo e judiciário, que formularam o princípio de separação tinham em mente, não são três funções do Estado distintas logicamente, mas as competências que o parlamento, o monarca e os tribunais adquiriram ao longo da história na chamada monarquia constitucional. A significação histórica do princípio chamado 'separação de poderes' encontra-se precisamente no fato de que ele opera antes contra uma concentração do que a favor de uma separação de poderes. O controle das funções legislativa e executiva pelos tribunais significa que as funções legislativa, executiva e judiciária são combinadas na competência dos tribunais. Assim, o controle subentende que **os poderes legislativo e executivo estão divididos entre os chamados órgãos legislativos e executivo, por um lado e os tribunais, por outro**. Da mesma maneira, a participação do monarca na legislação significa que a sua competência inclui tanto a função legislativa quanto a executiva, e, assim, que o poder legislativo está dividido entre o monarca e o parlamento. O fato de que, em uma monarquia constitucional, o chefe do departamento não é responsável para com o parlamento é um resíduo da monarquia absoluta e não – como poderíamos estar inclinados a supor – uma aplicação do princípio de divisão de poderes. Uma concessão a esse princípio é o dispositivo segundo o qual os atos do monarca têm de ser referendados pelos ministros de gabinete que são responsáveis para com o parlamento. Assim, o parlamento, embora um órgão de legislação, tem controle sobre a administração." (grifou-se) (**in** Teoria Geral do Direito e do Estado. Tradução de Luís Carlos Borges. São Paulo: Martins Fontes, 4ª ed., 2005, pp. 402/403)

Acerca do sistema de freios e contrapesos, em singular explicação, Dalmo de Abreu Dallari assim leciona[14]:

> O sistema de separação de poderes, consagrado nas Constituições de quase todo o mundo, foi associado à ideia de Estado Democrático e deu origem a uma engenhosa construção doutrinária, conhecida como *sistema de freios e contrapesos*. Segundo essa teoria, os atos que o Estado pratica podem ser de duas espécies: ou são atos gerais ou são especiais. Os atos gerais, que só podem ser praticados pelo Poder Legislativo, constituem a emissão de regras gerais e abstratas, não se sabendo, no momento de serem emitidas, a quem elas irão atingir. Dessa forma, o Poder Legislativo, que só pratica atos gerais, não atua concretamente na vida social, não tendo meios para cometer abusos de poder nem para beneficiar ou prejudicar a uma pessoa ou a um grupo em particular. Só depois de emitida a norma geral é que se abre a possibilidade de atuação do Poder Executivo, por meio de atos especiais. O Executivo dispõe de meios concretos para agir, mas está igualmente impossibilitado de atuar discricionariamente, porque todos os seus atos estão limitados pelos atos gerais praticados pelo Legislativo. E se houver exorbitância de qualquer dos poderes surge a ação fiscalizadora do Poder Judiciário, obrigando cada um a permanecer nos limites de sua respectiva esfera de competências.

Também sobre o tema do sistema de freios e contrapesos, Canotilho[15] assim se manifesta em um item denominado "Freio, balanço e controlo na ordenação de órgãos e funções":

> Através da atribuição a um órgão ou grupo de órgãos de uma função específica fundamental, visa-se obter o velho desiderato do equilíbrio de poderes e de um governo moderado, tal como Montesquieu o definiu impressivamente: "*Pour qu'on ne puisse pas abuser du pouvoir il faut que, par la disposition des choses, le pouvoir arrêt le pouvoir*" (De l'Esprit des Lois, 1748, Livro XI, Cap. IV).
>
> Esta ideia de governo moderado centrada no balanço e controlo recíproco de poderes configura-se e concretiza-se de forma diversa nos vários ordenamentos constitucionais, mas fundamentalmente os esquemas são os seguintes: (1) complexo **sistema de co-responsabilidades e interdependências** dado que, por ex., entre nós, na função legislativa não participara apenas a AR, pois, por um lado, os actos legislativos carecem de promulgação e assinatura do PR (arts. 134º/b e 136º) e de referenda do Governo (art. 140º), e, por outro lado, a AR não tem o monopólio da

[14] DALLARI, Dalmo de Abreu. Elementos de Teoria Geral do Estado. São Paulo: Saraiva, 20ª ed., 1998, pp. 219 e 220.

[15] CANOTILHO, J. J. Gomes. Direito Constitucional e Teoria da Constituição. Coimbra: Livraria Almedina, 3ª ed., 1999, pp. 516/517.

> legislação, cabendo ao governo fazer actos com valor legislativo como são os decretos-leis (art. 198º); (2) um *sistema de balanço* em que a escolha, nomeação ou manutenção no cargo de um ou vários titulares de órgãos depende da manifestação da vontade de outros órgãos (por ex., a nomeação e manutenção do Governo dependem da AR e PR, a AR pode ser dissolvida pelo PR); (3) divisão de poderes dentro do mesmo poder (ex.: Governo, Conselho de Ministros, Primeiro-Ministro). O sistema de freios e de balanços constitucionalmente estabelecido aponta para a ilegitimidade de qualquer "deslocação" de peso funcional conducente a um 'cesarismo presidencial', a 'absolutismo parlamentar' ou a uma 'autocracia do governo'. (grifos constantes do original)

Montesquieu identifica a possibilidade de veto (Poder Executivo) a ser exercido sobre a função institucional do Poder Legislativo, sob pena de, em assim não sendo, haver uma tirania deste sobre aquele. Nesse sentido, assim se pronunciou Montesquieu[16]:

> Se o Poder Executivo não tem o direito de controlar [vetar] os empreendimentos do corpo legislativo, este tornar-se-á despótico, pois, como pode atribuir a si todo o poder que pode imaginar, destruirá todos os outros poderes.

Como se percebe no sistema de freios e contrapesos, decorrente da tripartição de poderes, embora exista independência de cada Poder do Estado, eles estão sob a vigilância, sob o controle, sob a limitação de outro Poder, na forma e nos limites preconizados pela Constituição.

Nesse contexto, os atos praticados pelo Poder Executivo estão sob a supervisão do Poder Legislativo ou do Poder Judiciário, conforme o caso.

Quando, por exemplo, o Poder Executivo descentraliza recursos públicos federais para um ente da Federação sob a forma de convênio ou outra transferência voluntária, a ele compete fiscalizar sua regular aplicação, em primeiro plano, independentemente do Poder a que se vincule a pessoa que recebeu esses recursos. Entretanto, o Congresso Nacional, com o auxílio do Tribunal de Contas da União, poderá fiscalizar prévia, concomitante ou posteriormente a correta aplicação desses recursos, mediante controle externo. Da mesma forma, o Poder Judiciário poderá, por meio dos remédios processuais pertinentes, controlar a legalidade do ato praticado pelo Executivo, Legislativo ou pelo próprio Judiciário.

---

16 MONTESQUIEU, Charles Luis de Secondat. Do Espírito das Leis. Tradução de Jean Melville. São Paulo: Editora Martin Claret Ltda., 2006, p. 171.

Ademais, nos termos da Norma Fundamental mencionada por Kelsen[17], segundo a qual todos os normativos dela se derivam e contra a qual não podem opor-se, os artigos 70 e 71 da Constituição Federal estabelecem a competência do Congresso Nacional – Poder Legislativo – para exercer o controle externo, independentemente do Poder a que incida.

Ao Congresso Nacional compete a fiscalização contábil, financeira, orçamentária, operacional e patrimonial da União e das entidades da administração direta e indireta, quanto à legalidade, legitimidade, economicidade, aplicação das subvenções e renúncia de receitas, será exercida pelo Congresso Nacional, mediante controle externo, e pelo controle interno de cada Poder.

Contudo, o Parlamento não exerce diretamente esse controle externo, pois este, a cargo do Congresso Nacional, será exercido com o Auxílio do Tribunal de Contas da União. Assim prestará contas ao TCU qualquer pessoa física ou jurídica, pública ou privada, que utilize, arrecade, guarde, gerencie, ou administre dinheiros, bens e valores públicos ou pelos quais a União responda, ou que, em nome desta, assuma obrigações de natureza pecuniária.

Embora, em sentido estrito, o controle externo seja de competência do Congresso Nacional, conforme definido pelo poder constituinte originário, essa atribuição fora deferida ao Tribunal de Contas da União, caracterizado como um órgão auxiliar do Parlamento federal nesse atributo, mas que o exerce com autonomia e independência, não se subordinando a uma potencial revisão do Parlamento em face dos seus julgados[18].

Como se verifica desses comandos constitucionais, o Poder Legislativo fiscaliza o Poder Executivo e o Poder Judiciário, mediante controle externo.

Além desse controle externo exercido pelo Poder Legislativo, não se pode olvidar a competência do Poder Judiciário para também fiscalizar o Executivo ou o Legislativo, pois "a lei não excluirá da apreciação do Poder Judiciário lesão ou ameaça de direito" (art. 5°, XXXV, CF), que poderá ser exercida por meio de ação popular, nos termos da Lei n° 4.717, de 29 de junho de 1965, mediante ação civil pública, de acordo com a Lei n° 7.347, de 24 de julho de 1985, ou de acordo com outro instituto processual adequado, conforme o caso.

---

17 KELSEN, Hans. Teoria Pura do Direito. Tradução de João Baptista Machado. São Paulo: Martins Fontes, 6ª ed., 1998, pp. 246/247.

18 Esse é o entendimento consolidado pelo STF (ADI 3715 MC/TO – TOCANTINS. Relator Ministro Gilmar Mendes. Julgamento: 24.5.2006. Publicado no DJ de 25.8.2006, p. 15).

Como se percebe, a fiscalização de um Poder, além da autotutela a este inerente, compete a um outro ou aos outros dois simultaneamente, seja por meio do controle externo, seja mediante a tutela jurisdicional do Estado, seja por meio de veto.

Impõe-se registrar, então, que, na tripartição de poderes, um Poder não se sobrepõe ao outro, ou seja, não há Poder mais ou menos importante do que o outro. O que de fato ocorre é a divisão da função estatal entre os Três Poderes na consecução dos objetivos do Estado, com características e competências distintas, previstas expressamente no Texto Constitucional.

Nesse sentido, de fato, existe um poder uno dividido em três esferas de competência: uma administrativa, outra legislativa e uma jurisdicional.

Ademais, somente haverá o sistema de freios e contrapesos – *checks and balances* – nos exatos termos e limites fixados pela Constituição, sob pena de se conferir ao Poder Executivo, por meio de medidas provisórias ou de veto, ao Poder Legislativo, mediante leis ou controle externo, ou ao Poder Judiciário, por intermédio da tutela jurisdicional, a possibilidade de interferência indevida em outro Poder.

Feitas essas considerações acerca da divisão dos poderes/funções do Estado, passa-se aos poderes individualmente, com enfoque nos controles por eles exercidos sobre os outros.

2.1 PODER EXECUTIVO

O Poder Executivo constitui um dos poderes da União, conforme consagrado no art. 2°, da Constituição Federal[19]. Entretanto, a expressão "Poder Executivo" contempla alguns conteúdos.

Primeiro, é um dos Poderes da União[20]. Segundo, pode ser compreendido como um cargo ocupado pelo Presidente da República[21]. Terceiro, pode ser entendido como uma função, tal como previsto no art. 76, da Constituição Federal.

Gilmar Ferreira Mendes classifica as atribuições do Presidente da República de acordo com o âmbito de suas competências[22]:

---

19 Art. 2° São Poderes da União, independentes e harmônicos entre si, o Legislativo, o Executivo e o Judiciário.

20 Assim está previsto no art. 2°, da Constituição Federal, anteriormente transcrito.

21 Nos termos do art. 76, da Constituição Federal: "O Poder Executivo é exercido pelo Presidente da República, auxiliado pelos Ministros de Estado."

22 MENDES, Gilmar Ferreira; COELHO, Inocêncio Mártires; BRANCO, Paulo Gustavo Gonet. Curso de Direito Constitucional. São Paulo: Saraiva: 2007, pp. 866/877.

a) direção da Administração federal:
b) relação com o Congresso Nacional e atuação no processo legislativo;
c) atribuições concernentes à segurança interna, preservação da ordem institucional e da harmonia das relações federativas;
d) nomeação de juízes do Supremo Tribunal Federal e dos Tribunais Superiores.

José Afonso da Silva, ao mencionar as formas do Poder Executivo, traz entendimento de Maurice Duverger, nos seguintes termos:

> Maurice Duverger mostra que o Executivo reveste na prática formas as mais diversas, encontrando-se executivo monocrático (Rei, Imperador, Ditador, Presidente), executivo colegial (para ele, é o exercido por dois homens, com poderes iguais, como os cônsules romanos), executivo diretorial (grupos de homens em comitê, como era na ex-URSS e ainda é na Suíça) e executivo dual (próprio do parlamentarismo, um Chefe de Estado e um Conselho de Ministros, ou seja, um indivíduo isolado e um comitê).[23]

No Brasil, as funções de Chefe de Estado e de Chefe de Governo acumulam-se na pessoa do Presidente da República, ou seja, valendo-se da classificação de Maurice Duvenger, mencionada por José Afonso da Silva, ter-se-ia um Poder Executivo monocrático.

Desse modelo adotado pelo Brasil, tem-se uma não-dependência do Poder Executivo em relação ao Poder Legislativo, já que deste não depende para chegar ou permanecer[24] no Poder.

---

[23] Apud SILVA, José Afonso da. Curso de Direito Constitucional Positivo. São Paulo: Malheiros Editores, 28ª ed., 2007, p. 542.

[24] Quando se está a falar da não-dependência do Chefe do Poder Executivo de permanecer em seu cargo, não se desconhece a competência do Senado Federal para processar e julgar o Presidente da República nos crimes de responsabilidade, cujo desfecho pode-se dar na perda do mandado (impeachment). A competência do Senado Federal para processar e julgar o Presidente da República por crimes de responsabilidade é irrecorrível, irreversível, incontrastável, definitiva, nas palavras de José Afonso da Silva, desde que observados os direitos e garantias individuais que lhe são aplicáveis, em especial o devido processo legal, que possui como corolário o contraditório e a ampla defesa com os meios e recursos a ela inerentes (idem, p. 552). Não é demais registrar que se forma um verdadeiro tribunal, sob a presidência do Presidente do Supremo Tribunal Federal, onde devem ser observados os direitos e as garantias individuais do presidente processado. Já nos crimes comuns, a competência para processar e julgar o Presidente da República é do Supremo Tribunal Federal, após a autorização por, no mínimo, 2/3 dos membros da Câmara dos Deputados, conforme preceitua o art. 51, I, da Constituição Federal.
O art. 85, da Constituição Federal estabelece quais são os crimes de responsabilidade a que se sujeita o Presidente da República, **in verbis**: "São crimes de responsabilidade os atos do Presidente da República que atentem contra a Constituição Federal e, especialmente, contra:
I – a existência da União;

O Chefe do Executivo chegará ao Poder após eleição majoritária, em que obtenha cinquenta por cento mais um dos votos válidos, seja em primeiro, seja em segundo turno de votação, observados os seguintes requisitos: ser brasileiro nato, ter idade mínima de 35 anos, possuir filiação partidária, estar no gozo dos direitos políticos.

Além das funções de Chefe de Governo e Chefe de Estado, o Presidente da República também acumula as funções de Chefe da Administração, quando exerce papel de fundamental relevância para a gestão da coisa pública.

O art. 84[25] da Constituição Federal estabelece as competências privativas do Presidente da República. Nesse dispositivo, podem ser identificadas

---

II – o livre exercício do Poder Legislativo, do Poder Judiciário, do Ministério Público e dos Poderes constitucionais das unidades da Federação;
III – o exercício dos direitos políticos, individuais e sociais;
IV – a segurança interna do País;
V – a probidade na administração;
VI – a lei orçamentária;
VII – o cumprimento das leis e das decisões judiciais.
Parágrafo único. Esses crimes serão definidos em lei especial, que estabelecerá as normas de processo e julgamento." (grifou-se)
Essas infrações definidas como crimes de responsabilidade possuem natureza de infração político-administrativa, cuja consequência pode ser a perda do cargo, bem como a inabilitação para o exercício de função pública pelo prazo de oito anos, conforme previsto no art. 52, parágrafo único, da Constituição Federal.

25 Art. 84. Compete privativamente ao Presidente da República:
I – nomear e exonerar os Ministros de Estado;
II – exercer, com o auxílio dos Ministros de Estado, a direção superior da administração federal;
III – iniciar o processo legislativo, na forma e nos casos previstos nesta Constituição;
IV – sancionar, promulgar e fazer publicar as leis, bem como expedir decretos e regulamentos para sua fiel execução;
V – vetar projetos de lei, total ou parcialmente;
VI – dispor, mediante decreto, sobre:
a) organização e funcionamento da administração federal, quando não implicar aumento de despesa nem criação ou extinção de órgãos públicos;
b) extinção de funções ou cargos públicos, quando vagos;
VII – manter relações com Estados estrangeiros e acreditar seus representantes diplomáticos;
VIII – celebrar tratados, convenções e atos internacionais, sujeitos a referendo do Congresso Nacional;
IX – decretar o estado de defesa e o estado de sítio;
X – decretar e executar a intervenção federal;
XI – remeter mensagem e plano de governo ao Congresso Nacional por ocasião da abertura da sessão legislativa, expondo a situação do País e solicitando as providências que julgar necessárias;
XII – conceder indulto e comutar penas, com audiência, se necessário, dos órgãos instituídos em lei;
XIII – exercer o comando supremo das Forças Armadas, nomear os Comandantes da Marinha, do Exército e da Aeronáutica, promover seus oficiais-generais e nomeá-los para os cargos que lhes são privativos;
XIV – nomear, após aprovação pelo Senado Federal, os Ministros do Supremo Tribunal Federal e dos Tribunais Superiores, os Governadores de Territórios, o Procurador-Geral da República, o presidente e os diretores do banco central e outros servidores, quando determinado em lei;

as três funções exercidas pelo Presidente da República: Chefe de Governo, Chefe de Estado e Chefe da Administração.

Nesse sentido, partindo-se dessa tríplice função do Chefe do Poder Executivo discriminada por José Afonso da Silva, no âmbito do art. 84, da Constituição Federal, assim podem ser divididas essas atribuições:

a) Chefia de Governo: incisos I, III, IV, V, IX, X XI, XII, XIII, XIV (com exceção à nomeação de ministros do Supremo Tribunal Federal e dos Tribunais Superiores), XVII, XVIII primeira parte (convocar e presidir o Conselho de Defesa Nacional), XXIII, XXIV e XXVII;
b) Chefia de Estado: incisos VII, VIII, XVIII segunda parte, XIV (somente no que tange à nomeação de ministros do Supremo Tribunal Federal e dos Tribunais Superiores), XV, XVI, primeira parte (nomeação dos magistrados de Tribunal Regional Federal, Tribunal Regional do Trabalho, Tribunal Regional Eleitoral, e de outros órgãos do Poder), XIX, XX, XXI, XXII;
c) Chefia da Administração federal: II, VI, XVI, XXIV, XXV.

Das competências do Poder Executivo, para efeitos deste capítulo, merecem destaque duas, quais sejam as discriminadas nos incisos IV e V do multicitado art. 84 da Constituição Federal: sancionar, promulgar e fazer

---

XV – nomear, observado o disposto no art. 73, os Ministros do Tribunal de Contas da União;
XVI – nomear os magistrados, nos casos previstos nesta Constituição, e o Advogado-Geral da União;
XVII – nomear membros do Conselho da República, nos termos do art. 89, VII;
XVIII – convocar e presidir o Conselho da República e o Conselho de Defesa Nacional;
XIX – declarar guerra, no caso de agressão estrangeira, autorizado pelo Congresso Nacional ou referendado por ele, quando ocorrida no intervalo das sessões legislativas, e, nas mesmas condições, decretar, total ou parcialmente, a mobilização nacional;
XX – celebrar a paz, autorizado ou com o referendo do Congresso Nacional;
XXI – conferir condecorações e distinções honoríficas;
XXII – permitir, nos casos previstos em lei complementar, que forças estrangeiras transitem pelo território nacional ou nele permaneçam temporariamente;
XXIII – enviar ao Congresso Nacional o plano plurianual, o projeto de lei de diretrizes orçamentárias e as propostas de orçamento previstos nesta Constituição;
XXIV – prestar, anualmente, ao Congresso Nacional, dentro de sessenta dias após a abertura da sessão legislativa, as contas referentes ao exercício anterior;
XXV – prover e extinguir os cargos públicos federais, na forma da lei;
XXVI – editar medidas provisórias com força de lei, nos termos do art. 62;
XXVII – exercer outras atribuições previstas nesta Constituição.
arágrafo único. O Presidente da República poderá delegar as atribuições mencionadas nos incisos VI, XII e XXV, primeira parte, aos Ministros de Estado, ao Procurador-Geral da República ou ao Advogado-Geral da União, que observarão os limites traçados nas respectivas delegações.

publicar as leis, bem como expedir decretos e regulamentos para sua fiel execução; vetar projetos de lei, total ou parcialmente.

Essas atribuições estão em consonância com a tripartição de Poderes inaugurada, no ordenamento jurídico pátrio, pela Constituição de 1891, sob a influência de Montesquieu, a qual perdura até os dias atuais, bem como em harmonia com o sistema de freios e contrapesos consequente desse modelo de distribuição de competências.

Assim como se verá a competência do Poder Judiciário e do Poder Legislativo para controlar os atos do Executivo, tem-se a competência deste, para, de certa forma[26], controlar a atividade-fim do Poder Legislativo por meio do veto presidencial, que poderá decorrer do entendimento da inconstitucionalidade do projeto de lei ou simplesmente quando considerado contrário ao interesse público. Em havendo uma dessas duas fundamentações, tem-se o veto do Poder Executivo a projeto de lei aprovado pelo Poder Legislativo.

O veto presidencial será apreciado em sessão conjunta da Câmara dos Deputados e do Senado Federal, sendo necessário o **quorum** de maioria absoluta dos Deputados e Senadores para a rejeição do veto. Em sendo rejeitado o veto, o projeto será enviado ao Presidente da República para promulgação. Em não o promulgando no prazo de quarenta e oito horas, competirá ao Presidente do Senado fazê-lo e, se este não o fizer em igual prazo, caberá ao Vice-Presidente do Senado fazê-lo.

2.2 PODER JUDICIÁRIO

Conforme já mencionado, o Poder Judiciário integra os Poderes da União, nos termos do art. 2°, da Constituição Federal.

Antes de adentrar o tema "Poder Judiciário", impõe-se fazer breves comentários acerca da evolução do Direito Administrativo brasileiro, com vistas a distinguir o sistema do contencioso administrativo do sistema judiciário.

---

[26] O Veto do Presidente da República à lei originária do Parlamento será apreciado pelo Congresso Nacional, em sessão conjunta, que poderá derrubá-lo, nos termos do art. 57, § 3°, **in verbis**:

Art. 57. O Congresso Nacional reunir-se-á, anualmente, na Capital Federal, de 2 de fevereiro a 17 de julho e de 1° de agosto a 22 de dezembro.

....

§ 3° – Além de outros casos previstos nesta Constituição, a Câmara dos Deputados e o Senado Federal reunir-se-ão em sessão conjunta para:

....

IV – conhecer do veto e sobre ele deliberar.

O sistema do contencioso administrativo, também denominado sistema francês em razão de haver sido adotado inicialmente na França, nasceu sob a inspiração da Revolução Francesa, datada de 1789, cujo liberalismo e independência dos poderes montesquianos favoreceram a determinação de âmbitos de competência distintos entre o Poder Judiciário e a Administração Pública, até mesmo como uma forma de proteger a Administração do arvoramento do Poder Judiciário nas decisões daquela.

Assim é que, na França, por meio da edição da Lei nº 16, de 24.8.1790, foi estabelecido que "As funções judiciárias são distintas e permanecerão separadas das funções administrativas. Não poderão os juízes, sob pena de prevaricação, perturbar, de qualquer maneira, as atividades dos corpos administrativos".

Corroborando o ideal da mencionada Lei, a Constituição francesa de 1791, mantido esse entendimento até a atual Constituição de 1958, fez ratificá-lo em relação à independência das instâncias judiciária e administrativa, ao prever que "Os tribunais não podem invadir as funções administrativas ou mandar citar, para perante eles comparecerem, os administradores, por atos funcionais"[27].

Tem-se, portanto, sob a influência francesa, o nascedouro do sistema de contencioso administrativo, ou seja, os "litígios" administrativos não transcendem para a Justiça comum. No lugar da Justiça, existe o Conselho de Estado, a quem compete a última palavra na instância administrativa.

Acerca dos limites entre o contencioso administrativo[28] e a justiça comum, Hely Lopes Meirelles assim leciona[29]:

> Na organização atual do *contencioso administrativo* francês, o *Conselho de Estado*, no ápice da pirâmide da justiça especial, revê o *mérito* das decisões, como corte de apelação dos *Tribunais Administrativos* (denominação atual dos antigos *Conselhos de Prefeituras*) e dos *Conselhos do Contencioso Administrativo das Colônias*; e, como instância de cassação, controla a legalidade das decisões do *Tribunal de Contas*, do *Conselho Superior de Educação Nacional* e da *Corte de Disciplina Orçamentária* (Lei de 25.9.48). Embora caiba à jurisdição administrativa o julgamento do contencioso administrativo – 'ensenble des litiges que peut faire naître l'activité de l'Administration' -, certas demandas de

27 Apud Hely Lopes Meirelles. Direito Administrativo Brasileiro. São Paulo: Malheiros Editores, 34ª ed., 2008, p. 53.

28 Além da França, adotam esse sistema contencioso administrativo a Suíça, a Polônia, a Iugoslávia, a Finlândia, a Turquia, a Grécia.

29 MEIRELLES, Hely Lopes. Direito Administrativo Brasileiro. São Paulo: Malheiros Editores, 34ª ed., 2008, p. 54.

interesse da Administração ficam sujeitas à Justiça Comum, desde que se enquadrem numa destas três ordens: a) litígios decorrentes de atividades públicas com caráter privado; b) litígios que envolvam questões de estado e capacidade das pessoas e de repressão penal; c) litígios que se refiram à propriedade privada.

Como se verifica, nos países em que se adota o sistema do contencioso administrativo, poderão desaguar na Justiça Comum, a partir desse Contencioso, tão-somente os litígios que envolvem atos praticados pela Administração Pública com natureza de caráter privado, os litígios referentes a estado e a capacidade das pessoas e de repressão penal e os litígios que envolvam propriedade privada.

É de mencionar que o sistema do contencioso administrativo não está contemplado na maioria dos países, havendo predomínio do Sistema Judiciário.

Já o Sistema de Jurisdição Única ou Sistema Judiciário está expressamente consagrado na Constituição Federal pátria, em seu art. 5°, XXV, nos seguintes termos: "a lei não excluirá da apreciação do Poder Judiciário lesão ou ameaça a direito".

Nesse sentido, a Jurisdição Única, ou Sistema Inglês de Jurisdição, determina que todos os litígios administrativos podem desaguar no Poder Judiciário, haja vista a inafastabilidade deste ante lesão ou ameaça a direito.

No ordenamento jurídico brasileiro, o Sistema de Jurisdição Única data da primeira Constituição republicana (1891)[30], a qual estabelece, em seu art. 61, que "As decisões dos Juízes ou Tribunais dos Estados nas matérias de sua competência porão termo aos processos e às questões", salvo nas hipóteses de **habeas corpus** e espólio de estrangeiro. Assim é que aos magistrados compete pôr fim ao litígio, operando a denominada coisa julgada judicial (*the final enforcing power*).

Em que pese a denominada coisa julgada pertencer ao âmbito judicial, **stricto sensu**, não se desconhece a coisa julgada administrativa. No âmbito do Poder Judiciário, pode-se entender coisa julgada[31], conforme ensinamento de Cândido Rangel Dinamarco[32], nos seguintes termos:

---

30 BALEEIRO, Aliomar. Constituições Brasileiras: 1891. Brasília: Senado Federal e Ministério da Ciência e Tecnologia, Centro de Estudos Estratégicos, 2001, p. 94.

31 O art. 502 do Código de Processo Civil assim define coisa julgada: "Denomina-se coisa julgada material a autoridade que torna imutável e indiscutível a decisão de mérito não mais sujeita a recurso."

32 DINAMARCO, Cândido Rangel. Instituições de Direito Processual Civil. São Paulo: Malheiros Editores, 4ª ed,. 2004, pp. 325/326.

> (...) Por isso, o direito consagra o instituto da coisa julgada, destinado a preservar a estabilidade dos efeitos da sentença de mérito e impedir que novas leis ou novas sentenças aniquilem ou reduzam a utilidade pacificadora do exercício da ação no processo de conhecimento (Const., art. 5º, inc. XXXVI; Código de Processo Civil, arts. 502 ss.). Coisa julgada é, por definição, a imutabilidade dos efeitos da sentença de mérito (...). O efeito constitutivo (divórcio, anulação de contrato), o efeito declaratório (sentença que reconhece a paternidade) e o efeito condenatório (p.ex., condenação a pagar dinheiro) ficam estabilizados pela coisa julgada e em princípio não podem ser desfeitos. (Ajustado em razão do novo Código de Processo Civil – Lei nº 13.105/2015.)

Já no âmbito do Direito Administrativo, corroborando a existência da coisa julgada administrativa e o reconhecimento da coisa julgada judicial como instituto que põe termo à "lide", Hely Lopes Meirelles assim se pronuncia[33]:

> Coisa julgada administrativa: a denominada *coisa julgada administrativa*, que, na verdade, é apenas uma *preclusão de efeitos internos*, não tem o alcance da *coisa julgada judicial*, porque o ato jurisdicional da Administração não deixa de ser um simples ato administrativo decisório, sem a força conclusiva do ato jurisdicional do Poder Judiciário. Falta ao *ato jurisdicional administrativo* aquilo que os publicistas norte-americanos chamam de *the final enforcing power* e que se traduz livremente como o *poder conclusivo da Justiça Comum.* Esse poder, nos sistemas constitucionais que não adotam o *contencioso administrativo*, é privativo das decisões judiciais. Sobre esse tema, observou, com justeza, Araújo Falcão que: 'Mesmo aqueles que sustentam a teoria da chamada *coisa julgada administrativa* reconhecem que, efetivamente, não se trata, quer pela sua natureza, quer pela intensidade de seus efeitos, de *res judicata* propriamente dita, senão de um efeito semelhante ao da preclusão, e que se conceituaria, quando ocorresse, sob o nome de irretratabilidade'.

Sem ter a pretensão de discordar do eminente professor Cândido Rangel Dinamarco, mas, ao contrário, ratificando e utilizando a própria definição desse autor, a coisa julgada administrativa consiste na imutabilidade da decisão no âmbito administrativo. Enfatize-se: no âmbito administrativo.

Os "litígios", ainda que administrativos, devem ter um termo a partir do qual não caiba mais recurso administrativamente. É dessa impossibilidade recursal no âmbito administrativo e buscando a estabilidade jurídico-administrativa que decorre o instituto da coisa julgada administrativa.

---

33 MEIRELLES. Hely Lopes. Direito Administrativo Brasileiro. São Paulo: Malheiros Editores, 34ª ed., 2008, pp. 688/689.

É nesse sentido que se esgota a via administrativa para se reparar qualquer lesão ou ameaça a direito, remanescendo, conforme consagrado no inciso XXXV, do art. 5º, da Constituição Federal, a competência do Poder Judiciário para pôr termo ao litígio inaugurado no âmbito administrativo, tal como lecionado por Hely Lopes Meirelles.

Assim, é importante que, no âmbito administrativo, haja estabilidade e segurança jurídicas, a partir do momento que se cristaliza um direito caracterizado pela imutabilidade administrativa, sem prejuízo da busca da tutela jurisdicional nos países que adotam o Sistema de Jurisdição Única.

Passa-se, então, ao estudo do Poder Judiciário com enfoque no controle sobre a Administração.

Nos termos consagrados no multicitado art. 5º, XXXV, da Constituição Federal, ao Poder Judiciário compete pôr termo ao conflito entre as partes, seja este de origem administrativa, seja de origem judiciária.

Nesse sentido, o Poder Judiciário exerce o controle sobre a Administração, inclusive o controle sobre comissão parlamentar de inquérito. Como o controle incidente sobre os atos praticados pela CPI será mais detidamente tratado nos Capítulos VI e VII deste livro, serão enfatizadas tão-somente as espécies de controle da Administração.

Diversas são as classificações acerca do controle da Administração[34]. Contudo, para o objetivo perseguido por esta obra, duas espécies de controle merecem destaque: controle de mérito e controle de legalidade.

Sem desconhecer o Sistema de Jurisdição Única que o País adotou, impõe-se estabelecer os limites do controle exercido pelo Poder Judiciário, quanto a essas duas espécies. Também em consideração à finalidade pretendida, este trabalho limitar-se-á ao controle exercido pelo Supremo Tribunal Federal, órgão máximo do Poder Judiciário e a quem compete processar e

---

34 Lucas Rocha Furtado (**in** Curso de Direito Administrativo. Belo Horizonte: Editora Fórum, 2007, pp. 1049 /1194) classifica o controle da Administração nas seguintes espécies: i) prévio, sucessivo e corretivo; ii) interno e externo; iii) de mérito e de legalidade; iv) administrativo; v) parlamentar direto; vi) Judicial.

Hely Lopes Meirelles (**in** Direito Administrativo Brasileiro. São Paulo: Malheiros Editores, 34ª ed., 2008, pp. 671/742) classifica o controle da administração da seguinte forma: i) hierárquico; ii) finalístico; iii) interno; iv) externo; v) externo popular; vi) prévio ou preventivo; vii) concomitante ou sucessivo; viii) subsequente ou corretivo; ix) de legalidade ou legitimidade; x) de mérito; xi) administrativo; xii) legislativo; xiii) do Ministério Público; xiv) Judiciário.

Celso Antônio Bandeira de Mello (**in** Curso de Direito Administrativo. São Paulo: Malheiros Editores, 25ª ed., 2008, pp. 919/943) classifica o controle da Administração em: i) interno e externo; ii) parlamentar direto; iii) pelo Tribunal de Contas; iv) Jurisdicional.

julgar os atos praticados pelas comissões parlamentares de inquérito no âmbito do Senado Federal, da Câmara dos Deputados e do Congresso Nacional.

O Supremo Tribunal Federal editou a Súmula nº 473, cuja interpretação sistemático-teleológica e orientação da própria Corte permitem considerá-la como parâmetro para averiguar o âmbito de competência de controle de legalidade e de mérito a ser exercido pelo Pretório Excelso, nos seguintes termos:

> A Administração pode anular seus próprios atos, quando eivados de vícios que os tornem ilegais, porque deles não se originam direitos; ou pode revogá-los, por motivo de conveniência e oportunidade, respeitados os direitos adquiridos, e ressalvada, em todos os casos a apreciação judicial.

Ora, falar em revogação consiste em juízo de oportunidade e conveniência a ser observado pela própria Administração, ou seja, pelo próprio órgão que praticou o ato administrativo. Essa competência, a **contrario sensu,** da Súmula 473 anteriormente mencionada não se atribui ao STF em sua atividade jurisdicional, uma vez que sua atuação não pode confundir-se com a do gestor.

Daí, em sede da amplitude da competência na teoria das nulidades dos atos administrativos, dizer-se que a Administração possui mais poderes do que o Judiciário, já que aquela pode revogar e anular seus próprios atos, enquanto este pode tão-somente anulá-los.

A Administração revogará um ato lícito e perfeito, mas que por juízo de oportunidade e de conveniência não mais é interessante para a Administração, motivo por que se revoga o mencionado ato, operando efeitos **ex nunc**. Já a anulação decorre de ato praticado com vício insanável, cujo efeito, regra geral, será **ex tunc**.

Deve-se consignar também que nas decisões em que não se evidencie acarretarem lesão ao interesse público nem prejuízo a terceiros, os atos praticados com defeitos sanáveis poderão ser convalidados pela própria Administração Pública.

É nesse sentido que se pode afirmar que ao gestor compete a avaliação da oportunidade e da conveniência de praticar determinado ato administrativo, no âmbito de sua competência e nos limites previstos em lei, ante o princípio da legalidade expressamente consagrado em dois dispositivos constitucionais[35]: art. 5º, II, e 37, **caput**.

---

[35] A Constituição Federal contempla dois dispositivos que mencionam o princípio da legalidade. O primeiro está previsto no art. 5º, II, o qual estabelece que "ninguém será obrigado a fazer ou deixar de

Esse juízo de oportunidade e de conveniência da prática dos atos administrativos, observados os limites previstos em lei, refoge à competência do Judiciário para analisá-los se é ou não oportuno ou conveniente o ato praticado, sob pena de o Juiz substituir-se ao Administrador, o que implicaria uma intervenção indevida de um Poder sobre o outro.

Ocorre que, uma vez motivada a oportunidade e a conveniência, ou seja, motivado o ato discricionário, a motivação adere ao ato, tal como preconizado pela Teoria dos Motivos Determinantes[36,37]. O controle dessa motivação não se insere no âmbito da oportunidade e da conveniência da prática do ato administrativo, mas sim à legalidade do próprio ato, uma vez que a motivação passou a fazer parte do ato. Inexistente a motivação, inválido é o ato, daí por que dizer que, nesse caso, há controle de legalidade e não de mérito do ato administrativo[38].

Ao contrário, em se verificando a existência de ato praticado com violação à norma legal, surge a competência do Judiciário, a fim de extirpá-lo do mundo jurídico, anulando-o e jamais o revogando. Eis o controle da legalidade a ser exercido pelo Poder Judiciário.

Assim sendo, sem desconsiderar o Sistema de Jurisdição Única expressamente consagrado no art. 5º, XXXV, da Constituição Federal, é o controle

---

fazer alguma coisa senão em virtude de lei". Esse dispositivo insere-se no capítulo dos direitos e deveres individual e coletivo, é cláusula pétrea (art. 60, § 4º, IV) e destina-se, no nosso entendimento, ao particular que, a **contrario sensu** da competência administrativa, pode fazer tudo o que a lei não proíbe. Já o segundo está expresso no art. 37, **caput**, nos seguintes termos: "A administração pública direta e indireta de qualquer dos Poderes da União, dos Estados, do Distrito Federal e dos Municípios obedecerá aos princípios de **legalidade**, impessoalidade, moralidade, publicidade e eficiência e, também, ao seguinte (...)." (grifou-se) Observe-se que este princípio da legalidade é tão princípio da legalidade quanto aquele (art. 5º, II). Entretanto, em sentido contrário, pois à Administração somente é permitido praticar atos previstos no ordenamento jurídico, ou seja, somente poderá praticar atos permitidos pela lei.

36 Segundo Hely Lopes Meirelles (**in** Direito Administrativo Brasileiro. São Paulo: Malheiros Editores, 34ª ed., 2008, pp. 200/201), "A teoria dos motivos determinantes funda-se na consideração de que os atos administrativos, quando tiverem sua prática motivada, ficam vinculados aos motivos expostos, para todos os efeitos jurídicos. Tais motivos é que determinam e justificam a realização do ato, e, por isso mesmo, deve haver perfeita correspondência entre eles e a realidade. Mesmo os atos discricionários, se forem motivados, ficam vinculados a esses motivos como causa determinante de seu cometimento e se sujeitam ao confronto da existência e legitimidade dos motivos indicados. Havendo desconformidade entre os motivos determinantes e a realidade, o ato é inválido."

37 O ato discricionário deve ser praticado nos exatos limites conferidos pela norma regente, daí por que não existirem atos discricionários **in totum**, pois devem observar os termos fixados em lei, sob pena de anulabilidade.

38 Nesse sentido, ver RE-AgR 343866/RJ – Rio de Janeiro, Relatora Ministra Ellen Gracie (**in** DJ de 24.6.2005, p. 60).

da legalidade[39] que, entenda-se, deve ser exercido, também e principalmente, pelo Supremo Tribunal Federal sobre os atos administrativos praticados por CPI, em especial quando se verifica violação aos princípios do devido processo legal, do contraditório e da ampla defesa (art. 5°, LIV e LV, Constituição Federal).

2.3 PODER LEGISLATIVO

O Poder Legislativo instrumentaliza-se por meio do Congresso Nacional, composto pela Câmara dos Deputados e pelo Senado Federal.

A Câmara dos Deputados, também denominada Câmara Baixa, representa o povo, cujo ingresso dos Deputados Federais ocorre por meio de eleição no sistema proporcional em cada Estado e no Distrito Federal, nos termos do art. 45 da Constituição Federal[40], para mandato de quatro anos.

---

[39] Esse é o entendimento do Supremo Tribunal Federal, nos seguintes processos, cujas ementas são transcritas:

a) RE-AgR 337560/SC – SANTA CATARINA (**in** DJ de 14.11.2002, p. 50): "EMENTA: AGRAVO REGIMENTAL NO RECURSO EXTRAORDINÁRIO, Relator Ministro MAURÍCIO CORRÊA. SERVIDOR PÚBLICO. PROCESSO ADMINISTRATIVO. PRINCÍPIO DO CONTRADITÓRIO E DA AMPLA DEFESA. OBSERVÂNCIA. 1. A Constituição Federal assegura aos litigantes, em processo judicial ou administrativo, e aos acusados em geral, o contraditório e a ampla defesa, com os meios e recursos a ela inerentes. 2. Processo Administrativo, precedido de sindicância, em que **foi assegurado ao servidor o exercício da ampla defesa e do contraditório**. Nulidade. Inexistência. Agravo regimental não provido" (grifou-se);

b) RMS 24256/DF – DISTRITO FEDERAL (**in** DJ de 14.12.2007, p. 49), Relator Ministro ILMAR GALVÃO: "EMENTA: ADMINISTRATIVO. PROCESSO DISCIPLINAR. LEI N.° 8 .112/90, ART. 132, INCISOS IV E XIII. DEMISSÃO DE SERVIDORA. AMPLA DEFESA. AUTORIA. SUBSTITUIÇÃO DE PENA. Faltas disciplinares apuradas em processo administrativo que correu regularmente, com observância do princípio da ampla defesa, não havendo resultado demonstrado, por outro lado, que os atos punidos eram alheios à competência da servidora, como alegado. Impossibilidade de substituição da pena imposta sem reexame do mérito do ato administrativo, **providência vedada ao Poder Judiciário**. Recurso ordinário a que se nega provimento" (grifou-se);

c) RE 82355/PR – PARANÁ (**in** RTJ, VOL-00081-01, p. 160), Relator Ministro RODRIGUES ALCKMIN: "MILITAR. EXPULSÃO. ANULAÇÃO DO ATO PORQUE CERCEADA A DEFESA NO PROCESSO ADMINISTRATIVO E IRREGULARMENTE PRODUZIDA A PROVA EM QUE SE BASEOU A EXPULSÃO. ALEGAÇÃO DE SER VEDADA, AO PODER JUDICIÁRIO, A APRECIAÇÃO DO MÉRITO DO ATO ADMINISTRATIVO. – CASO EM QUE O EXAME SE CINGIU AO ASPECTO DE LEGALIDADE DO ATO. RECURSO EXTRAORDINÁRIO NÃO CONHECIDO".

[40] Art. 45. A Câmara dos Deputados compõe-se de representantes do povo, eleitos, pelo sistema proporcional, em cada Estado, em cada Território e no Distrito Federal.

§ 1° – O número total de Deputados, bem como a representação por Estado e pelo Distrito Federal, será estabelecido por lei complementar, proporcionalmente à população, procedendo-se aos ajustes necessários, no ano anterior às eleições, para que nenhuma daquelas unidades da Federação tenha menos de oito ou mais de setenta Deputados.

§ 2° – Cada Território elegerá quatro Deputados.

Já o Senado Federal, também conhecido como Câmara Alta, representa os Estados e o Distrito Federal, com representantes eleitos pelo sistema majoritário, conforme discriminado no art. 46 da Carta Magna[41], para mandato de oito anos, com provimento dos mandatos na razão de 1/3 e 2/3 em cada pleito realizado a cada quatro anos.

No exercício de seu ofício, o Congresso Nacional desenvolve suas atividades ao longo da legislatura, cujo período compreende quatro anos, conforme disciplinado no art. 44, parágrafo único, da Constituição Federal. Essa legislatura é coincidente com o mandato dos Deputados Federais, que também é de quatro anos. A legislatura pode ser compreendida como quatro períodos consecutivos, denominados, cada um, de sessão legislativa[42].

O Congresso Nacional possui, como função precípua, a produção normativa, ou seja, a elaboração das normas que nortearão a relação entre Estado e pessoa e entre as próprias pessoas[43].

Além da competência legislativa, não se desconhece, também, a competência fiscalizadora exercida pelo Congresso Nacional.

Duas possibilidades de fiscalização originam-se da competência do Congresso Nacional: uma externa e outra interna.

A externa está contemplada nos arts. 70 e 71 da Lei Maior. O controle externo, de competência do Congresso Nacional, é exercido com o auxílio do Tribunal de Contas da União[44], [45], a quem compete, em síntese, verificar a correta aplicação dos recursos públicos federais, bem como a conformidade dos atos administrativos das entidades e dos órgãos sujeitos à sua "jurisdição"[46], quanto aos aspectos de legalidade, legitimidade e economicidade.

---

[41] Art. 46. O Senado Federal compõe-se de representantes dos Estados e do Distrito Federal, eleitos segundo o princípio majoritário.

§ 1° – Cada Estado e o Distrito Federal elegerão três Senadores, com mandato de oito anos.

§ 2° – A representação de cada Estado e do Distrito Federal será renovada de quatro em quatro anos, alternadamente, por um e dois terços.

§ 3° – Cada Senador será eleito com dois suplentes.

[42] A sessão legislativa compreende dois períodos legislativos, sendo o primeiro de 2 de fevereiro a 17 de julho e o segundo de 1° de agosto a 22 de dezembro, conforme alteração estabelecida pela EC 50/2006, que alterou o art. 57 da Constituição Federal.

[43] Os artigos 48 a 52 da Constituição Federal estabelecem as competências do Congresso Nacional e das Casas que o integram.

[44] Embora o Texto Constitucional não contemple o Tribunal de Contas da União como integrante do Congresso Nacional, não há olvidar a natureza de órgão auxiliar desse Tribunal ao Congresso Nacional, tal como preconizado em seus artigos 70 e 71.

[45] O Tribunal de Contas da União é regido por sua Lei Orgânica, Lei n° 8.443/1992.

[46] O termo jurisdição aqui empregado não se confunde com a tutela jurisdicional prestada pelo Poder Judiciário, a quem normalmente é aplicado esse termo. Contudo, a finalidade semântica desse

Ocorre que, no exercício de seu ofício, o Congresso Nacional pode buscar, por meio de seus representantes e pessoal próprio, a realização direta da fiscalização sob a sua competência.

Nesse sentido, a Câmara dos Deputados, o Senado Federal ou qualquer de suas Comissões poderá convocar pessoas para que prestem diretamente ao Congresso Nacional as informações que pretenda obter, a fim de exercer essa fiscalização.

Para exercer esse ofício, as Casas do Congresso Nacional dispõem de comissões permanentes[47], bem como comissões temporárias, em que se enquadram a comissão parlamentar de inquérito e a comissão parlamentar mista de inquérito. É por meio destas comissões parlamentares de inquérito que o Congresso Nacional poderá instaurar uma fase de inquérito para exercer sua competência fiscalizadora.

Nesse sentido, passa-se à análise do instituto da comissão parlamentar de inquérito, objeto de estudo deste trabalho, que integra o Capítulo seguinte.

---

vocábulo é estabelecer quais pessoas estão sujeitas ao controle externo exercido pelo TCU. É nesse sentido que está empregado o termo jurisdição.

47 São comissões permanentes no Senado Federal: Comissão de Assuntos Econômicos (CAE), Comissão de Assuntos Sociais (CAS), Comissão de Constituição e Justiça (CCJ), Comissão de Educação, Cultura e Esportes (CE), Comissão de Meio Ambiente, Defesa do Consumidor e Fiscalização e Controle (CMA), Comissão de Direitos Humanos e Legislação Participativa (CDH), Comissão de Relações Exteriores e Defesa Nacional (CRÊ), Comissão de Serviços de Infra-Estrutura (CI), Comissão de Desenvolvimento Regional e Turismo (CDR), Comissão de Ciência, Tecnologia, Inovação, Comunicação e Informática (CCT).
A Câmara dos Deputados possui as seguintes comissões permanentes: Comissão de Agricultura, Pecuária, Abastecimento e Desenvolvimento Rural – CAPADR, Comissão de Amazônia, Integração Nacional e de Desenvolvimento Regional – CAINDR, Comissão de Ciência e Tecnologia, Comunicação e Informática – CCTCI, Comissão de Constituição e Justiça e de Cidadania – CCJC, Comissão de Defesa do Consumidor – CDC, Comissão de Desenvolvimento Econômico, Indústria e Comércio – CDEIC, Comissão de Desenvolvimento Urbano – CDU, Comissão de Direitos Humanos e Minorias – CDHM, Comissão de Educação e Cultura – CEC, Comissão de Finanças e Tributação – CFT, Comissão de Fiscalização Financeira e Controle – CFFC, Comissão de Legislação Participativa – CLP, Comissão de Meio Ambiente e Desenvolvimento Sustentável – CMADS, Comissão de Minas e Energia – CME, Comissão de Relações Exteriores e de Defesa Nacional – CREDN, Comissão de Segurança Pública e Combate ao Crime Organizado – CSPCCO, Comissão de Seguridade Social e Família – CSSF, Comissão de Trabalho, de Administração e Serviço Público – CTASP, Comissão de Turismo e Desporto – CTD.
O Congresso Nacional possui a Comissão Mista de Planos, Orçamentos Públicos e Fiscalização (CMO).

III
COMISSÃO PARLAMENTAR DE INQUÉRITO

As comissões parlamentares de inquérito inserem-se no âmbito investigativo do Congresso Nacional, com o desiderato de apurar fato certo e determinado, que pode ser considerado como aquele acontecimento de relevante interesse para a vida pública e a ordem constitucional, legal, econômica e social do País, que estiver devidamente caracterizado no requerimento de constituição da Comissão.

O marco inicial de comissão parlamentar de inquérito não se apresenta uníssono na doutrina, quanto à sua data. Entretanto, parece haver consenso quanto ao local de origem, qual seja a Inglaterra.

Para alguns doutrinadores[1], a primeira ocorrência de comissão parlamentar de inquérito teria sido no ano de 1571.

Para outros doutrinadores[2], as comissões parlamentares de inquérito teriam surgido a partir de uma instaurada em 1689, na Inglaterra, cuja finalidade seria a investigação da guerra contra a Irlanda.

Gilmar Mendes[3], acerca da origem de comissão parlamentar de inquérito, assim leciona:

---

1 Defendem essa origem:
a) Francisco Cavalcanti Pontes de Miranda (**in** Comentários à Constituição de 1967. São Paulo: Revista dos Tribunais, 1967, p. 50);
b) Agnaldo Costa Pereira (**in** Comissões Parlamentares de Inquérito. Rio de Janeiro: Asa Artes Gráficas, 1948, p. 22);
c) Dnar Mendes Ferreira, (**in** Comissão Parlamentar de Inquérito. Rio de Janeiro: Revista Forense, v. 151, nº 607/608, jan.-fev., 1954, p. 95).

2 Defendem essa origem:
a) Paulino Jaques (**in** Comissão Parlamentar de Inquérito e Governo de Gabinete. Rio de Janeiro: Revista Forense, v. 151, nº 607/608, jan.-fev., 1954, p. 83);
b) João de Oliveira Filho (**in** Comissão Parlamentar de Inquérito. Rio de Janeiro: Revista Forense, nº 151, nº 607/608, jan.-fev., 1954, p. 9);
c) Ivair Nogueira Itagiba (**in** Aperfeiçoamento do Estado Democrático. Rio de Janeiro: Revista Forense, nº 151, nº 607/608, jan.-fev., 1954, p. 55).

3 MENDES, Gilmar Ferreira; COELHO, Inocêncio Mártires; BRANCO, Paulo Gustavo Gonet. Curso de Direito Constitucional. Saraiva: São Paulo, 2007, pp. 811/812.

> As divergências, agora no plano doutrinário, começam já quanto à origem histórica dessas comissões. Se a doutrina converge em situar na Inglaterra o berço das comissões parlamentares de inquérito, controverte-se sobre o momento em que teriam surgido. Há quem diga que a primeira comissão do gênero foi a que o Parlamento britânico instituiu em 1689, para investigar circunstâncias da guerra contra a Irlanda. Outros autores entendem que a comissão pioneira foi instituída ainda antes, em 1571, embora os trabalhos inquisitivos do legislador tenham, realmente, ganhado maior vulto depois de 1688, quando o Parlamento assumiu posição de supremacia na Inglaterra.
>
> Nos Estados Unidos, o poder de investigação foi igualmente reconhecido como faculdade inerente ao Legislativo, mesmo não tendo sido previsto de modo expresso na Constituição. Admite-se que o Congresso realize sindicâncias e colha testemunhos para exercer a função legislativa de modo avisado e eficiente. As investigações no Congresso americano assumiram considerável relevância e ensejaram diversas e importantes manifestações da Suprema Corte. O pensamento americano sobre as comissões parlamentares de inquérito é tido como das mais ricas e autorizadas fontes de direito comparado sobre o tema.
>
> O *inquérito legislativo* do direito anglo-saxão ganhou força, venceu fronteiras e se alastrou por países filiados a outros sistemas de direito. A Constituição brasileira alista-se entre as que consagraram, explicitamente, esse mecanismo de ação do Legislativo, na companhia, entre outras, da Constituição da Itália, da Lei Fundamental da Alemanha e da Carta do Japão.

É importante, então, destacar a natureza investigatória de que dispõe o Parlamento para, por moto próprio, apurar acontecimentos que repercutem na vida pública. A comissão parlamentar de inquérito consiste, observados os pressupostos que assegurem os direitos e as garantias individuais que envolvem todo e qualquer processo apuratório, no instrumento de que se vale o Congresso Nacional, a Câmara dos Deputados ou o Senado Federal para apurar fatos de relevância na vida pública.

Nesse sentido, passa-se às características das comissões parlamentares de inquérito no âmbito federal.

3.1 NATUREZA JURÍDICA

Como já mencionado, no Brasil vige o Sistema de Jurisdição Única – também denominado sistema inglês -, expressamente consagrado no art. 5º, XXXV, da Constituição Federal, em contraposição ao sistema de contencioso administrativo, também denominado sistema francês.

Em que pese a adoção do sistema inglês no ordenamento jurídico pátrio, não há como deixar de reconhecer o âmbito de "apuração" administrativa. É a partir desse entendimento que se podem considerar duas espécies de apuração: uma judicial, em conformidade com o Sistema de Jurisdição Única; outra administrativa, ou seja, aquela que não se desenvolve sob a prestação jurisdicional do Estado (Poder Judiciário). Daí por que dizer que existem apurações administrativas e judiciais, sem deixar de reconhecer a competência destas para pôr termo ao conflito.

Ora, a partir dessa premissa, todos os processos que não estejam no âmbito do Poder Judiciário podem ser considerados como processos administrativos[4].

Nesse sentido, pode-se falar que a apuração desenvolvida por comissão parlamentar de inquérito encontra-se no âmbito administrativo, em que pese competirem-lhe poderes de investigação próprios das autoridades judiciais.

Contudo, não há olvidar outra característica inerente ao Poder Legislativo, qual seja a sua natureza política. As atividades desenvolvidas em sede de comissão parlamentar de inquérito devem, então, ser consideradas como político-administrativas.

Daí por que dizer que a natureza jurídica das comissões parlamentares de inquérito pode ser considerada como político-administrativa[5].

3.2 EVOLUÇÃO CONSTITUCIONAL

O Congresso Nacional compõe-se da Câmara dos Deputados e do Senado Federal. No âmbito do controle dos atos praticados pela Administração,

---

[4] A expressão "processo administrativo" está consagrada na Constituição Federal, em seu art. 5º, LV, **in verbis**: "LV – aos litigantes, **em processo judicial ou administrativo**, e aos acusados em geral são assegurados o contraditório e ampla defesa, com os meios e recursos a ela inerentes". Acerca da diferença entre processo e procedimento, Maria Sylvia Zanella Di Pietro assim se pronuncia (**in** Direito Administrativo. São Paulo: Editora Atlas, 17ª ed., 2004, p. 530): "Não se confunde processo com procedimento. O Primeiro existe sempre como instrumento indispensável para o exercício de função administrativa; tudo o que a Administração Pública faz, operações materiais ou atos jurídicos, fica documentado em um processo; cada vez que ela for tomar uma decisão, executar uma obra, celebrar um contrato, editar um regulamento, o ato final é sempre precedido de uma série de atos materiais ou jurídicos, consistentes em estudos pareceres, informações, laudos, audiências, enfim tudo o que for necessário para instruir, preparar e fundamentar o ato final objetivado pela Administração. O procedimento é o conjunto de formalidades que devem ser observadas para a prática de certos atos administrativos; equivale a rito, a forma de proceder; o procedimento se desenvolve dentro de um processo administrativo". (grifou-se)

[5] Esse foi o entendimento do Supremo Tribunal Federal no MS 24458 MC/DF – DISTRITO FEDERAL, de Relatoria do Ministro Celso de Mello (**in** DJ de 24.8.2007, p. 55).

pode-se constatar a existência de duas formas latentes exercidas pelo Parlamento: o controle externo e o controle exercido pelo próprio Parlamento.

O controle externo será exercido com o auxilio do Tribunal de Contas da União, a quem compete, em síntese, verificar a regular aplicação dos recursos públicos federais, bem como proceder, por iniciativa própria ou por solicitação do Congresso Nacional, de suas casas ou das respectivas Comissões, à fiscalização contábil, financeira, orçamentária, operacional e patrimonial das unidades dos Poderes da União.

No âmbito interno do Congresso Nacional, existem as comissões permanentes e temporárias que se destinam a proceder ao controle exercido pelo Parlamento com pessoal, procedimentos e ritos próprios. Como espécie do gênero temporário, existem as comissões parlamentares de inquérito, objeto do presente trabalho e sobre as quais se passa a fazer uma evolução histórico-constitucional brasileira.

Com estatura constitucional, as comissões parlamentares de inquérito constituem instrumento de fiscalização ou de apuração de fatos de relevante interesse para a sociedade.

O Brasil conta com as Constituições de 1824, 1891, 1934, 1937, 1946, 1967, 1969 e 1988. Contudo, o tema relativo à comissão parlamentar de inquérito somente veio a integrar o ordenamento jurídico constitucional a partir de 1934[6].

De acordo com o art. 36, parágrafo único, da Constituição de 1934, competia à Câmara dos Deputados criar as chamadas comissões de inquérito, nos seguintes termos:

> Art. 36. A Câmara dos Deputados criará comissões de inquérito sobre fatos determinados, sempre que o requerer a terça parte, pelo menos, dos seus membros.
>
> Parágrafo único. Aplicam-se a tais inquéritos as normas do processo penal, indicadas no Regimento Interno.

Nos termos do art. 92, § 1°, VI, da Constituição de 1934, competia, também, ao Senado Federal a criação de comissão de inquérito, nos seguintes termos:

---

[6] Embora só se tenha verificado a possibilidade de criação de comissão parlamentar de inquérito a partir da Constituição de 1934, Jessé Cláudio Franco de Alencar, mencionando Nelson de Souza Sampaio, assim colaciona informação acerca de forma implícita dessa comissão já "prevista" na Constituição de 1824: "Sampaio, contudo, sustenta que se pode enxergar na Constituição de 1824, ainda que de forma implícita, o poder de investigação parlamentar, visto que ela previa a possibilidade de Assembléia Geral, em caso de morte do Imperador ou vacância do trono, instituir exame da administração que acabou e reformar os abusos nela introduzidos (art. 15, VI)". (Apud ALENCAR, Jessé Cláudio Franco de Alencar. Comissões Parlamentares de Inquérito no Brasil. Rio de Janeiro: Renovar, 2005, p. 17). Esse dispositivo da Constituição de 1824 assim estava contemplado: "Art. 15. É atribuição da Assembleia Geral: (...) VI – na morte do Imperador, ou vacância do trono, instituir exame da administração, que acabou, e reformar os abusos nela introduzidos".

> Art. 92. O Senado Federal pleno funcionará durante o mesmo período que a Câmara dos Deputados. Sempre que a segunda for convocada para resolver sobre matéria em que o primeiro deva colaborar, será este convocado extraordinariamente pelo seu Presidente, ou pelo Presidente da República.
>
> § 1° No intervalo das sessões legislativas, a metade do Senado Federal, constituída na forma que o Regimento Interno indicar com representação igual dos Estados e do Distrito Federal, funcionará como Seção Permanente, com as seguintes atribuições:
>
> ....
>
> VI – criar comissões de inquérito, sobre fatos determinados, observado o parágrafo único do art. 36 [anteriormente transcrito].

Da leitura desses dispositivos inaugurais de comissão parlamentar de inquérito, pode-se verificar que a exigência de requerimento da terça parte de seus membros consta tão-somente em relação à Câmara dos Deputados, ou seja, para que essa Casa do Legislativo criasse comissão parlamentar de inquérito era necessário requerimento assinado pela terça parte dos Deputados Federais.

Já para a criação no âmbito do Senado Federal, não se verificava a exigência de requerimento formulado pelos Senadores com igual quorum, ou seja, a terça parte de seus membros. Pode-se inferir que a criação deveria ocorrer por meio de votação da maioria de seus membros reunidos em sessão, uma vez que esse era o quórum básico para deliberação do Senado Federal.

A Constituição seguinte, de 1937, nada tratou sobre o tema relativo à comissão parlamentar de inquérito. Esse silêncio era eloquente, pois a Constituição foi concebida sob a vigência do Estado Novo, em que, segundo essa concepção, não havia falar em o Poder Legislativo controlar os atos da Administração. Verificou-se, portanto, uma mitigação do sistema de *checks and balances*, consequência da Tripartição de Poderes consagrada em Montesquieu.

Contudo, a Constituição de 1946 voltou a inserir em seu texto a competência para o Parlamento criar comissão parlamentar de inquérito, conforme art. 53, **in verbis**:

> Art. 53. A Câmara dos Deputados e o Senado Federal criarão comissões de inquérito sobre fato determinado, sempre que o requerer um terço dos seus membros.
>
> Parágrafo único. Na organização dessas comissões se observará o critério estabelecido no parágrafo único do art. 40 [Na constituição das comissões, assegurar-se-á, tanto quanto possível, a representação proporcional dos partidos nacionais que participem da respectiva Câmara].

Esse dispositivo unificou o **quorum** a ser observado no requerimento de criação de comissão parlamentar de inquérito, ou seja, a terça parte dos membros das respectivas Casas do Parlamento. Contudo, manteve-se silente quanto à observância das normas de processo penal a serem observadas no desenvolvimento de suas atividades.

O art. 40, mencionado no art. 53, contemplava a possibilidade, se possível, de representação proporcional dos partidos integrantes da respectiva Casa em que se criaria a comissão.

A Lei nº 1.579, de 18.3.1952[7], que dispõe sobre comissão parlamentar de inquérito, foi editada sob a vigência da Constituição de 1946[8].

Em seguida, veio a Constituição de 1967, cujas principais alterações consistem na possibilidade de criação de comissão parlamentar de inquérito pelo

---

7 LEI Nº 1.579, DE 18 DE MARÇO DE 1952.
Dispõe sobre as Comissões Parlamentares de Inquérito.
O PRESIDENTE DA REPÚBLICA: Faço saber que o Congresso Nacional decreta e eu sanciono a seguinte Lei:
Art. 1º. As Comissões Parlamentares de Inquérito, criadas na forma do art. 53 da Constituição Federal, terão ampla ação nas pesquisas destinadas a apurar os fatos determinados que deram origem à sua formação.
Parágrafo único. A criação de Comissão Parlamentar de Inquérito dependerá de deliberação plenária, se não for determinada pelo terço da totalidade dos membros da Câmara dos Deputados ou do Senado.
Art. 2º. No exercício de suas atribuições, poderão as Comissões Parlamentares de Inquérito determinar as diligências que reportarem necessárias e requerer a convocação de Ministros de Estado, tomar o depoimento de quaisquer autoridades federais, estaduais ou municipais, ouvir os indiciados, inquirir testemunhas sob compromisso, requisitar de repartições públicas e autárquicas informações e documentos, e transportar-se aos lugares onde se fizer mister a sua presença.
Art. 3º. Indiciados e testemunhas serão intimados de acordo com as prescrições estabelecidas na legislação penal.
§ 1º Em caso de não-comparecimento da testemunha sem motivo justificado, a sua intimação será solicitada ao juiz criminal da localidade em que resida ou se encontre, na forma do art. 218 do Código de Processo Penal. (Renumerado pela Lei 10.679, de 23.5.2003)
§ 2º O depoente poderá fazer-se acompanhar de advogado, ainda que em reunião secreta.(Incluído pela Lei nº 10.679, de 23.5.2003)
Art. 4º. Constitui crime:
– Impedir, ou tentar impedir, mediante violência, ameaça ou assuadas, o regular funcionamento de Comissão Parlamentar de Inquérito, ou o livre exercício das atribuições de qualquer dos seus membros.
Pena – A do art. 329 do Código Penal.
II – fazer afirmação falsa, ou negar ou calar a verdade como testemunha, perito, tradutor ou intérprete, perante a Comissão Parlamentar de Inquérito:
Pena – A do art. 342 do Código Penal.
Art. 5º. As Comissões Parlamentares de Inquérito apresentarão relatório de seus trabalhos à respectiva Câmara, concluindo por projeto de resolução.
§ 1º. Se forem diversos os fatos objeto de inquérito, a comissão dirá, em separado, sobre cada um, podendo fazê-lo antes mesmo de finda a investigação dos demais.
§ 2º – A incumbência da Comissão Parlamentar de Inquérito termina com a sessão legislativa em que tiver sido outorgada, salvo deliberação da respectiva Câmara, prorrogando-a dentro da Legislatura em curso.
Art. 6º. O processo e a instrução dos inquéritos obedecerão ao que prescreve esta Lei, no que lhes for aplicável, às normas do processo penal.
Art. 7º. Esta Lei entrará em vigor na data de sua publicação, revogadas as disposições em contrário.
Rio de Janeiro, 18 de março de 1952; 131º da Independência e 64º da República.

8 Ver item 3.3.1 sobre a recepção desse normativo em face da Constituição de 1988.

Congresso Nacional, ou seja, em conjunto, bem como a determinação de o requerimento de criação contemplar o prazo certo de duração dos trabalhos, que não poderia, em qualquer hipótese, ultrapassar a legislatura na qual fora criada.

O art. 39 da Constituição de 1967 assim dispunha sobre o instituto da comissão parlamentar de inquérito:

> Art. 39. A Câmara dos Deputados e o Senado Federal, **em conjunto ou separadamente**, criarão comissões de inquérito sobre fato determinado e por prazo certo, mediante requerimento de um terço de seus membros. (grifou-se)

Já a Constituição de 1969 (Emenda Constitucional nº 1, de 17.10.1969) acrescentou dispositivo que contempla o limite máximo de cinco comissões parlamentares de inquérito, salvo se autorizada pela maioria absoluta da respectiva Casa a criação de outras, além das cinco eventualmente já existentes, nos termos do art. 30, parágrafo único, "e", combinado com o art. 37, **in verbis**:

> Art. 30. A cada uma das Câmaras compete elaborar seu Regimento Interno, dispor sobre sua organização, polícia e provimento de cargos de seus serviços.
>
> Parágrafo único. Observar-se-ão as seguintes normas regimentais:
>
> ....
>
> e) não será criada Comissão Parlamentar de Inquérito enquanto estiverem funcionando concomitantemente pelo menos cinco, salvo deliberação por marte da maioria da Câmara dos Deputados ou do Senado Federal.
>
> ....
>
> Art. 37. A Câmara dos Deputados e o Senado Federal, em conjunto ou separadamente, criarão Comissões de Inquérito sobre fato determinado e por prazo certo, mediante requerimento e um terço de seus membros.

Atualmente, o tema sobre CPI está contemplado na Constituição promulgada em 5.10.1988, em seu art. 58, cujos excertos de interesse para esta obra são a seguir transcritos:

> Art. 58. O Congresso Nacional e suas Casas terão comissões permanentes e temporárias, constituídas na forma e com as atribuições previstas no respectivo regimento ou no ato de que resultar sua criação.
>
> ....
>
> § 2º – às comissões, em razão da matéria de sua competência, cabe:

> I – discutir e votar projeto de lei que dispensar, na forma do regimento, a competência do Plenário, salvo se houver recurso de um décimo dos membros da Casa;
>
> II – realizar audiências públicas com entidades da sociedade civil;
>
> III – convocar Ministros de Estado para prestar informações sobre assuntos inerentes a suas atribuições;
>
> IV – receber petições, reclamações, representações ou queixas de qualquer pessoa contra atos ou omissões das autoridades ou entidades públicas;
>
> V – solicitar depoimento de qualquer autoridade ou cidadão;
>
> VI – apreciar programas de obras, planos nacionais, regionais e setoriais de desenvolvimento e sobre eles emitir parecer.
>
> § 3º – As comissões parlamentares de inquérito, que terão poderes de investigação próprios das autoridades judiciais, além de outros previstos nos regimentos das respectivas Casas, serão criadas pela Câmara dos Deputados e pelo Senado Federal, em conjunto ou separadamente, mediante requerimento de um terço de seus membros, para a apuração de fato determinado e por prazo certo, sendo suas conclusões, se for o caso, encaminhadas ao Ministério Público, para que promova a responsabilidade civil ou criminal dos infratores.

No âmbito infraconstitucional, devem ser destacadas três leis.

A primeira é a Lei nº 1.579/1952, que dispõe sobre as comissões parlamentares de inquérito. Como se verificará adiante, parte dela não teria sido recepcionada pelo atual ordenamento constitucional.

A segunda é a Lei nº 10.001/2000[9], que dispõe sobre a prioridade nos procedimentos a serem adotados pelo Ministério Público e por outros órgãos a respeito das conclusões das comissões parlamentares de inquérito.

---

[9] Lei nº 10.001, de 4 de setembro de 2000.
Dispõe sobre a prioridade nos procedimentos a serem adotados pelo Ministério Público e por outros órgãos a respeito das conclusões das comissões parlamentares de inquérito.
O PRESIDENTE DA REPÚBLICA Faço saber que o Congresso Nacional decreta e eu sanciono a seguinte Lei:
Art 1º Os Presidentes da Câmara dos Deputados, do Senado Federal ou do Congresso Nacional encaminharão o relatório da Comissão Parlamentar de Inquérito respectiva, e a resolução que o aprovar, aos chefes do Ministério Público da União ou dos Estados, ou ainda às autoridades administrativas ou judiciais com poder de decisão, conforme o caso, para a prática de atos de sua competência.
Art 2º A autoridade a quem for encaminhada a resolução informará ao remetente, no prazo de trinta dias, as providências adotadas ou a justificativa pela omissão.
Parágrafo único. A autoridade que presidir processo ou procedimento, administrativo ou judicial, instaurado em decorrência de conclusões de Comissão Parlamentar de Inquérito, comunicará, semestralmente, a fase em que se encontra, até a sua conclusão.

A terceira é a Lei Complementar nº 105/2001, que dispõe sobre o sigilo das operações de instituições financeiras. O seu art. 4º estabelece as informações que poderão ser fornecidas às comissões parlamentares de inquérito, nos seguintes termos:

> Art. 4º O Banco Central do Brasil e a Comissão de Valores Mobiliários, nas áreas de suas atribuições, e as instituições financeiras fornecerão ao Poder Legislativo Federal as informações e os documentos sigilosos que, fundamentadamente, se fizerem necessários ao exercício de suas respectivas competências constitucionais e legais.
>
> § 1º As comissões parlamentares de inquérito, no exercício de sua competência constitucional e legal de ampla investigação, obterão as informações e documentos sigilosos de que necessitarem, diretamente das instituições financeiras, ou por intermédio do Banco Central do Brasil ou da Comissão de Valores Mobiliários.
>
> § 2º As solicitações de que trata este artigo deverão ser previamente aprovadas pelo Plenário da Câmara dos Deputados, do Senado Federal, ou do plenário de suas respectivas comissões parlamentares de inquérito.

Da mesma forma, devem ser mencionados os respectivos Regimentos Internos do Parlamento, que disciplinam esse procedimento.

Após essa evolução constitucional, e uma sucinta remissão aos normativos de maior relevância sobre comissões parlamentares de inquérito, passa-se aos assuntos que com ela se relacionam especificamente.

3.3 INSTAURAÇÃO

As comissões parlamentares de inquérito podem ser instauradas em cada Casa do Congresso Nacional ou em conjunto no Congresso Nacional, sendo, neste caso, uma comissão parlamentar mista de inquérito, a funcionar segundo o Regimento Comum do Congresso Nacional e não segundo regulamento de apenas uma das Casas do Legislativo federal.

Como mencionado anteriormente, a instauração de comissão parlamentar de inquérito consiste em direito da minoria, ou seja, uma vez preenchidos

---

Art 3º O processo ou procedimento referido no art. 2o terá prioridade sobre qualquer outro, exceto sobre aquele relativo a pedido de habeas corpus, habeas data e mandado de segurança.
Art 4º O descumprimento das normas desta Lei sujeita a autoridade a sanções administrativas, civis e penais.
Art 5º Esta Lei entra em vigor na data de sua publicação.
Brasília 4 de setembro de 2000; 179º da Independência e 112º da República.

os requisitos discriminados no art. 58, § 3°, da Constituição Federal, não há falar em a respectiva Casa deixar de instaurar essa comissão[10].

Preenchidos os requisitos para elaboração do requerimento de criação de comissão parlamentar de inquérito, este será encaminhado ao respectivo Presidente (da Câmara dos Deputados, do Senado Federal ou do Congresso Nacional), a fim de que verifique a observância dos requisitos formais do requerimento.

Não há falar em discricionariedade de instaurar ou não a comissão parlamentar de inquérito, cujo requerimento de criação tenha satisfeito os requisitos de constituição previstos no art. 58, § 3°, da Constituição Federal. Uma vez preenchidos os requisitos necessários à instauração da CPI, o respectivo presidente da casa do Congresso Nacional deve instaurá-la.

São requisitos objetivos para instauração de comissão parlamentar de inquérito, que, em seguida, serão analisados individualmente:

a) requerimento de um terço de seus membros;
b) apuração de fato determinado;
c) prazo certo.

3.3.1 Requerimento de um terço dos membros

Quando se fala em requerimento de um terço de seus membros, há de haver a interpretação literal desse requisito para instauração de comissão parlamentar de inquérito no âmbito de uma das Casas do Parlamento, ou

---

[10] Nesse sentido, entendimento do STF, acerca dos requisitos objetivos para instauração de CPI, **in verbis**: EMBARGOS DE DECLARAÇÃO NA AÇÃO DIRETA DE INCONSTITUCIONALIDADE. AUSÊNCIA DE QUALQUER DOS VÍCIOS PREVISTOS NO ART. 535 DO CPC. DESVINCULAÇÃO DO QUE ALEGADO NO RECURSO COM O QUE DECIDIDO NO ACÓRDÃO EMBARGADO. REAFIRMAÇÃO, PELO ACÓRDÃO RECORRIDO, DA NECESSÁRIA OBSERVÂNCIA DOS REQUISITOS FORMAIS PARA A INSTALAÇÃO DE COMISSÃO PARLAMENTAR DE INQUÉRITO. ART. 53, § 3º, DA CRFB/88. AUSÊNCIA DE VÍCIOS NO ACÓRDÃO EMBARGADO. EMBARGOS DE DECLARAÇÃO REJEITADOS. 1. As alegações da embargante não guardam pertinência com o que efetivamente discutido e assentado no acórdão de mérito proferido na presente ação. 2. In casu, inexiste qualquer omissão, contradição ou obscuridade no acórdão embargado, o qual assentou clarividentemente o entendimento de que a garantia da instalação de determinada Comissão Parlamentar de Inquérito independe de deliberação plenária da respectiva Casa Legislativa. 3. Os requisitos formais de constituição de Comissões Parlamentares de Inquérito – tal como a exigência constitucional do quórum de um terço para o seu requerimento – continuam sendo exigidos, nos termos do que prevê, por exemplo, o art. 58, § 3º, do texto constitucional, bem como na linha do que afirmado, e não afastado, pelo acórdão embargado. 4. Embargos de declaração rejeitados. (ADI 3619 ED / SP, Relator Ministro Luiz Fux. Publicado DJe 183, publicado em 16.9.2015.)

seja, são necessárias assinaturas de, pelo menos, um terço de deputados federais, de senadores ou de deputados e senadores simultaneamente.

Entretanto, deve-se ter em mente a possibilidade de comissão parlamentar de inquérito mista do Congresso Nacional, ou seja, comissão que realiza suas atividades com membros tanto da Câmara dos Deputados quanto do Senado Federal.

Nessa comissão mista, não há falar em assinatura de um terço dos membros do Congresso Nacional, considerados em conjunto. Nesse caso, há de se verificar a assinatura de, no mínimo, um terço dos membros da Câmara dos Deputados **e** de um terço dos integrantes do Senado Federal. Daí por que a necessidade de apuração da assinatura dos membros de cada Casa individualmente, sob pena de nulidade do procedimento **ab initio**.

A aceitar a constituição de comissão parlamentar de inquérito mediante requerimento de um terço dos membros do Congresso Nacional, considerados em conjunto, poderia levar à possibilidade de se ter uma comissão mista instaurada com requerimento da quase totalidade dos Deputados Federais e de apenas um Senador da República. Parece não ser essa a melhor exegese do multicitado art. 58, § 3°, da Constituição Federal.

Não é demais mencionar o disposto no art. 1° da Lei n° 1.579/1952, o qual estabelece a possibilidade de criação de comissão parlamentar de inquérito mediante deliberação plenária, se não for determinada pelo terço da totalidade dos membros da Câmara dos Deputados ou do Senado Federal.

Esse dispositivo há de ser interpretado segundo a atual Constituição Federal, já que a mencionada Lei data de 1952, ou seja, verificar se houve ou não a recepção desse normativo pelo atual ordenamento constitucional.

A atual regra para requerimento contempla a obrigatoriedade de um terço dos membros da Casa que pretenda instaurar essa comissão.

Ora, haver dispositivo legal que contemple a possibilidade de se instaurar comissão parlamentar de inquérito cujo **quorum** para deliberação sobre a instauração não imponha a observância do **quorum** mínimo parece não ser a melhor interpretação do multicitado dispositivo constitucional.

Em sentido contrário, admitindo a possibilidade de se instaurar comissão parlamentar de inquérito mediante deliberação plenária da respectiva casa, Jessé Cláudio Franco de Alencar colaciona manifestação de Nelson de Souza Sampaio nos seguintes termos[11]:

---

[11] Apud ALENCAR, José Cláudio Franco de. Comissões Parlamentares de Inquérito no Brasil. Rio de Janeiro: Renovar, 2005, p. 28.

> (...) a Constituição quis apenas dizer que a investigação parlamentar não ficaria dependente sempre da vontade da maioria, geralmente o grupo menos interessado em iniciativa dessa ordem. O pensamento do Constituinte foi, por conseguinte, o de ampliar os meios de controle do governo, conferido à posição ou a determinada minoria, contra a vontade da maioria, a faculdade de provocar a investigação parlamentar. Do contrário se limitaria muito o emprego e o alcance dessa arma de fiscalização do Executivo, de informação do Legislativo e de esclarecimento da opinião pública. Jamais, entretanto, se poderia conceber que fosse intenção do Constituinte retirar à maioria uma faculdade que sempre lhe foi reconhecida, ainda no silêncio da Constituição. Seria, ademais, absurdo admitir que um terço de uma câmara, mediante requerimento, pudesse criar comissão de inquérito e o mesmo não pudesse fazer a votação da maioria do plenário.

Essa não parece ser a melhor exegese acerca do disposto no art. 1°, parágrafo único, da Lei n° 1.579/1952, senão vejamos.

No âmbito da Câmara dos Deputados, o art. 83 de seu Regimento Interno (RICD) contempla a possibilidade de, presente em Plenário a maioria absoluta dos Deputados, mediante verificação de **quorum**, dar-se início à apreciação da pauta, para apreciação na seguinte ordem:

a) redações finais;
b) requerimentos de urgência;
c) requerimentos de Comissão sujeitos a votação;
d) requerimentos de Deputados dependentes de votação imediata;
e) matérias constantes da Ordem do Dia, de acordo com as regras de preferência estabelecidas no Capítulo IX, do Título V, do RICD.

Como se verifica, o **quorum** para abertura da Sessão Plenária exige tão somente a presença da maioria absoluta de seus membros, ou seja, a metade de 513 Deputados Federais mais um (257). Considerando que as deliberações do Plenário, como regra geral, podem-se dar pela maioria de votos, observado o **quorum** de abertura, tem-se a possibilidade de haver deliberação em Sessão Plenária na Câmara dos Deputados com a aprovação de 129 votos. Ora, a considerar que um terço dos membros da Câmara Baixa compreende 171 Deputados Federais, admitir a possibilidade de criação de comissão parlamentar de inquérito por meio de aprovação de Sessão Plenária consiste em possibilidade de se burlar o atual Texto Constitucional, que exige requerimento assinado, por no mínimo, um terço de seus membros, que atualmente soma 171 e não 129 Deputados Federais.

No âmbito do Senado Federal, é necessária a presença de um vigésimo dos membros daquela Casa para abertura da Sessão[12], cujo raciocínio deve ser o mesmo desenvolvido no parágrafo anterior.

A Constituição Federal privilegia o direito de minoria ao prever a possibilidade de criação de comissão parlamentar de inquérito mediante requerimento de um terço de seus membros, conforme reiteradas vezes garantido pelo Supremo Tribunal Federal. Entretanto, o disposto no art. 1°, parágrafo único, da Lei n° 1.579/1952, não atende ao requisito mínimo de constituição válido e regular dos procedimentos a serem desenvolvidos por essa comissão, caso o número de assinaturas constantes do requerimento de instauração de comissão parlamentar de inquérito não alcance o terço absoluto dos membros da respectiva Casa em que se processará a CPI, sob pena de ver esse ato de criação atacado no Poder Judiciário.

Essa possibilidade interpretativa decorre do fato de o art. 47, da Constituição Federal, estabelecer que "salvo disposição constitucional em contrário, as deliberações de cada Casa e de suas Comissões serão tomadas por maioria dos votos, presente a maioria absoluta de seus membros".

Nesse sentido, entende-se não haver sido recepcionada pela vigente Constituição Federal a primeira parte do disposto no art. 1°, parágrafo único, da Lei n° 1.579/1952[13] (A criação de comissão parlamentar de inquérito dependerá de deliberação plenária.), motivo por que, repise-se, constitui

---

[12] "Art. 155. A sessão terá início de segunda à quinta-feira, às quatorze horas, e, às sextas-feiras, às nove horas, pelo relógio do plenário, **presentes no recinto pelo menos um vigésimo da composição do Senado**, e terá a duração máxima de quatro horas e trinta minutos, salvo prorrogação, ou no caso do disposto nos arts. 178 e 179." (grifou-se)

[13] Esse é o entendimento do STF, cuja ementa se transcreve: AÇÃO DIRETA DE INCONSTITUCIONALIDADE. ARTIGOS 34, § 1°, E 170, INCISO I, DO REGIMENTO INTERNO DA ASSEMBLÉIA LEGISLATIVA DO ESTADO DE SÃO PAULO. COMISÃO PARLAMENTAR DE INQUÉRITO. CRIAÇÃO. DELIBERAÇÃO DO PLÉNARIO DA ASSEMBLÉIA LEGISLATIVA. REQUISITO QUE NÃO ENCONTRA RESPALDO NO TEXTO DA CONSTITUIÇÃO DO BRASIL. SIMETRIA. OBSERVÂNCIA COMPULSÓRIA PELOS ESTADOS-MEMBROS. VIOLAÇÃO DO ARTIGO 58, § 3°, DA CONSTITUIÇÃO DO BRASIL. 1. A Constituição do Brasil assegura a um terço dos membros da Câmara dos Deputados e a um terço dos membros do Senado Federal a criação da comissão parlamentar de inquérito, deixando porém ao próprio parlamento o seu destino. 2. A garantia assegurada a um terço dos membros da Câmara ou do Senado estende-se aos membros das assembleias legislativas estaduais --- garantia das minorias. O modelo federal de criação e instauração das comissões parlamentares de inquérito constitui matéria a ser compulsoriamente observada pelas casas legislativas estaduais. 3. **A garantia da instalação da CPI independe de deliberação plenária, seja da Câmara, do Senado ou da Assembleia Legislativa. Precedentes. 4. Não há razão para a submissão do requerimento de constituição de CPI a qualquer órgão da Assembleia Legislativa. Os requisitos indispensáveis à criação das comissões parlamentares de inquérito estão dispostos, estritamente, no artigo 58 da CB/88.** 5. Pedido julgado procedente para declarar inconstitucionais o trecho "só será submetido à discussão e votação decorridas 24 horas de sua apresentação, e", constante do § 1° do artigo 34, e o inciso I do artigo 170,

requisito para instauração de CPI requerimento assinado por, no mínimo, um terço absoluto dos membros da respectiva Casa em que se pretende instaurar CPI.

3.3.2 *Apuração de fato determinado*

O segundo requisito para se instaurar comissão parlamentar de inquérito diz respeito à apuração de fato determinado.

A especificação de fato determinado constante no requerimento de criação de comissão parlamentar de inquérito atende ao princípio da finalidade.

O § 1°, do art. 53, do Regimento Interno da Câmara dos Deputados, conceitua fato determinado nos seguintes termos:

> Considera-se fato determinado o acontecimento de relevante interesse para a vida pública e a ordem constitucional, legal, econômica e social do País, que estiver devidamente caracterizado no requerimento de constituição da Comissão.

Indo além da exigência de se especificar fato determinado, o art. 145[14] do Regimento Interno do Senado Federal estabelece que o requerimento de criação ainda deverá conter o número de membros, o prazo de duração da comissão e o limite de despesas a serem realizadas.

Essas exigências e outras a serem formuladas pelas Casas do Congresso Nacional, desde que não contrariem as previsões constitucionais do art. 58, § 3°, e que não violem outros dispositivos, princípios ou garantias igualmente constitucionais, como, por exemplo, razoabilidade, proporcionalidade, não se apresentam inconstitucionais, tampouco maculam os trabalhos a serem desenvolvidos pela comissão.

Os atos administrativos, e aí se incluem os atos praticados por comissão parlamentar de inquérito (atos político-administrativos), requerem a

---

ambos da Consolidação do Regimento Interno da Assembleia Legislativa do Estado de São Paulo]. (grifou-se) (ADI 3619 / SP, Relator Ministro Eros Graus, publicado no DJ de 20.4.2007, p. 78.)

14 Art. 145. A criação de comissão parlamentar de inquérito será feita mediante requerimento de um terço dos membros do Senado Federal.

§ 1° O requerimento de criação da comissão parlamentar de inquérito determinará o fato a ser apurado, o número de membros, o prazo de duração da comissão e o limite das despesas a serem realizadas.

§ 2° Recebido o requerimento, o Presidente ordenará que seja numerado e publicado.

§ 3° O Senador só poderá integrar duas comissões parlamentares de inquérito, uma como titular, outra como suplente.

§ 4° A comissão terá suplentes, em número igual à metade do número dos titulares mais um, escolhidos no ato da designação destes, observadas as normas constantes do art. 78.

finalidade como requisito de validade. Além de ser pública, no caso concreto, deve-se especificar expressamente qual o fato certo e determinado que se sujeitará à fiscalização a ser exercida pela comissão a ser criada.

Importante se faz especificar no requerimento de criação a finalidade, o objeto, o fato determinado[15] que será alvo de investigação da comissão, pois esta não poderá servir de instrumento para, por via transversa, satisfazer a interesses pessoais de membros do Parlamento, em flagrante violação aos princípios da impessoalidade, moralidade, bem como ao da finalidade, tratados no Capítulo V.

A quebra do sigilo fiscal, bancário e telefônico de qualquer pessoa sujeita a investigação perante o Poder Legislativo pode ser legal e legitimamente decretada pela Comissão Parlamentar de Inquérito, sendo imprescindível que esse órgão estatal o faça mediante deliberação devidamente fundamentada e na qual indique, com apoio em base empírica idônea, a necessidade objetiva da adoção dessa medida extraordinária, sempre vinculada aos fatos investigados pela comissão. Enfatize-se que se está a falar de quebra de sigilo de dados fiscais, bancários e telefônicos. Nesta última hipótese, não se admite a decretação de escuta telefônica dos investigados por ato da CPI, ainda que devidamente motivados, haja vista o princípio da reserva de jurisdição[16].

Por outro lado, não há falar em apuração de fatos que não se correlacionem com o objeto especificado no requerimento de criação de comissão parlamentar de inquérito[17], sob pena de invalidade do ato.

---

15 MS 23652/DF (**in** DJ de 16.2.2001, p. 92), Relator Min. CELSO DE MELLO: EMENTA: (...) **O inquérito parlamentar, realizado por qualquer CPI, qualifica-se como procedimento jurídico-constitucional revestido de autonomia e dotado de finalidade própria, circunstância esta que permite à Comissão legislativa – sempre respeitados os limites inerentes à competência material do Poder Legislativo e observados os fatos determinados que ditaram a sua constituição – promover a pertinente investigação, ainda que os atos investigatórios possam incidir, eventualmente, sobre aspectos referentes a acontecimentos sujeitos a inquéritos policiais ou a processos judiciais que guardem conexão com o evento principal objeto da apuração congressual**. Doutrina. Precedente: MS 23.639-DF, Rel. Min. CELSO DE MELLO (Pleno). O PROCESSO MANDAMENTAL NÃO COMPORTA DILAÇÃO PROBATÓRIA. – O processo de mandado de segurança qualifica-se como processo documental, em cujo âmbito não se admite dilação probatória, pois a liquidez dos fatos, para evidenciar-se de maneira incontestável, exige prova pré-constituída, circunstância essa que afasta a discussão de matéria fática fundada em simples conjecturas ou em meras suposições ou inferências. (grifou-se)

16 Vide item 3.5.

17 MS 23452/RJ (**in** DJ de 12.5.2000, p. 20), Relator Min. CELSO DE MELLO: EMENTA: COMISSÃO PARLAMENTAR DE INQUÉRITO – PODERES DE INVESTIGAÇÃO (CF, ART. 58, §3º) – LIMITAÇÕES CONSTITUCIONAIS – LEGITIMIDADE DO CONTROLE JURISDICIONAL – POSSIBILIDADE DE A CPI ORDENAR, POR AUTORIDADE PRÓPRIA, A QUEBRA DOS SIGILOS BANCÁRIO, FISCAL E TELEFÔNICO – **NECESSIDADE DE FUNDAMENTAÇÃO DO ATO DELIBERATIVO – DELIBERAÇÃO DA CPI QUE, SEM FUNDAMENTAÇÃO,**

Em que pese os requisitos objetivos previstos no multicitado art. 58, § 3º, da Constituição Federal, o Senado Federal veda, expressamente em seu Regimento Interno[18], a criação de comissão parlamentar de inquérito para deliberar sobre matérias afetas à Câmara dos Deputados, às atribuições do Poder Judiciário, aos Estados. Essas vedações não contrariam a Lei Maior. Ao contrário, privilegiam o pacto federativo, bem como a separação, a independência e a harmonia entre os Poderes da República.

Deve-se mencionar, também, que a apuração de fato certo pretendida por comissão parlamentar de inquérito não se confunde com apuração em curso em outro Poder sobre o mesmo fato. Há independência entre as instâncias da comissão e do Poder Judiciário, motivo por que, eventualmente, uma CPI legalmente constituída pode apurar fato certo já em investigação por este Poder.

Assim sendo, a apuração de fato diverso ou que não se correlacione com o objeto definido no requerimento de criação de comissão parlamentar de inquérito constitui violação à norma legal, sujeita à reparação tanto pela própria comissão quanto pelo Poder Judiciário, em sede do controle de legalidade desse ato.

3.3.3 Prazo certo

O terceiro requisito objetivo que deve integrar o requerimento de criação da comissão parlamentar de inquérito refere-se ao prazo de duração da respectiva comissão.

A observância do prazo para o desenvolvimento dos trabalhos de CPI está em consonância com o princípio da transitoriedade, que deve nortear os objetivos perseguidos por essa comissão.

A definição do prazo certo visa a estabelecer a duração dos trabalhos a serem desenvolvidos pela comissão parlamentar de inquérito, a fim de que estes não se eternizem sem solução, e para que não se desvirtuem com o longo tempo de investigação.

ORDENOU MEDIDAS DE RESTRIÇÃO A DIREITOS – MANDADO DE SEGURANÇA DEFERIDO. COMISSÃO PARLAMENTAR DE INQUÉRITO – COMPETÊNCIA ORIGINÁRIA DO SUPREMO TRIBUNAL FEDERAL. (grifou-se)

[18] O art. 146 do RISF assim está descrito:

Art. 146. Não se admitirá comissão parlamentar de inquérito sobre matérias pertinentes:

I – à Câmara dos Deputados;

II – às atribuições do Poder Judiciário;

III – aos Estados.

Contudo, em qualquer hipótese, o prazo definido no requerimento de criação não poderá ultrapassar a Legislatura[19] em que fora constituída a comissão parlamentar de inquérito.

3.4 COMPETÊNCIAS E PODERES DE INVESTIGAÇÃO

As comissões parlamentares de inquérito possuem estatura constitucional, já que o poder constituinte originário erigiu essa comissão como instrumento para apurar acontecimento de relevante interesse para a vida pública e a ordem constitucional, legal, econômica e social do País.

Também o Texto Constitucional consignou que as comissões parlamentares de inquérito têm "poderes de investigação próprios das autoridades judiciais".

O art. 36 do Regimento Interno da Câmara dos Deputados estabelece quais são as competências de comissão parlamentar de inquérito, nos seguintes termos:

> Art. 36. A Comissão Parlamentar de Inquérito poderá, observada a legislação específica:
>
> I – requisitar funcionários dos serviços administrativos da Câmara, bem como, em caráter transitório, os de qualquer órgão ou entidade da administração pública direta, indireta e fundacional, ou do Poder Judiciário, necessários aos seus trabalhos;
>
> II – determinar diligências, ouvir indiciados, inquirir testemunhas sob compromisso, requisitar de órgãos e entidades da administração pública informações e documentos, requerer a audiência de Deputados e Ministros de Estado, tomar depoimentos de autoridades federais, estaduais e municipais, e requisitar os serviços de quaisquer autoridades, inclusive policiais;
>
> III – incumbir qualquer de seus membros, ou funcionários requisitados dos serviços administrativos da Câmara, da realização de sindicâncias ou diligências necessárias aos seus trabalhos, dando conhecimento prévio à Mesa;
>
> IV – deslocar-se a qualquer ponto do território nacional para a realização de investigações e audiências públicas;
>
> V – estipular prazo para o atendimento de qualquer providência ou realização de diligência sob as penas da lei, exceto quando da alçada de autoridade judiciária;

---

19 Nesse sentido, os seguintes dispositivos: i) art. 5º, § 2º, da Lei nº 1.579/1952; ii) art. 76, II, e § 4º, do Regimento Interno do Senado Federal; iii) art. 35, § 3º, do Regimento Interno da Câmara dos Deputados.

> VI – se forem diversos os fatos inter-relacionados objeto do inquérito, dizer em separado sobre cada um, mesmo antes de finda a investigação dos demais.
>
> Parágrafo único. As Comissões Parlamentares de Inquérito valer-se-ão, subsidiariamente, das normas contidas no Código de Processo Penal.

Já o Senado Federal, ao definir quais os assuntos que não serão objeto de comissão parlamentar de inquérito[20], estabelece que, a **contrario sensu**, os demais atos estão sujeitos a apuração por força desse instrumento fiscalizatório, observados os requisitos de constituição e validade da multicitada comissão.

Ademais, o art. 148 do Regimento Interno do Senado Federal prevê quais os atos podem ser praticados por comissão parlamentar de inquérito:

> Art. 148. No exercício das suas atribuições, a comissão parlamentar de inquérito terá poderes de investigação próprios das autoridades judiciais, facultada a realização de diligências que julgar necessárias, podendo convocar Ministros de Estado, tomar o depoimento de qualquer autoridade, inquirir testemunhas, sob compromisso, ouvir indiciados, requisitar de órgão público informações ou documentos de qualquer natureza, bem como requerer ao Tribunal de Contas da União a realização de inspeções e auditorias que entender necessárias.

Essas competências derivam dos regimentos internos das Casas do Parlamento, que não podem contrariar a Constituição Federal.

Os poderes conferidos às comissões parlamentares de inquérito não são ilimitados, pois, além da conformidade com o Estado Democrático de Direito, hão de observar os limites da reserva jurisdicional.

Assim, não há confundir a competência dessas comissões criadas no Parlamento (poderes de investigação próprios das autoridades judiciais) com as competências privativas do Poder Judiciário. É nesse contexto, portanto, que se pode asseverar a competência das comissões parlamentares de inquérito para a prática de todos os atos necessários à investigação própria de suas atividades, desde que estejam de acordo com o Direito e não estejam sob a reserva jurisdicional, que passa a ser analisada.

---

[20] Art. 146. Não se admitirá comissão parlamentar de inquérito sobre matérias pertinentes:
I – à Câmara dos Deputados;
II – às atribuições do Poder Judiciário;
III – aos Estados.

3.5 RESERVA JURISDICIONAL

Os poderes de investigação próprios das autoridades judiciais conferidos pelo Texto Constitucional a comissões parlamentares de inquérito não se confundem com as competências privativas do Judiciário, denominadas reserva de jurisdição (ou reserva jurisdicional), motivo por que devem ser interpretados conforme a Lei Maior.

À comissão parlamentar de inquérito compete a prática de todos os atos necessários à persecução dos objetivos consignados no requerimento de sua constituição, desde que não estejam sob a tutela privativa do Poder Judiciário, bem como que sejam conforme o Direito.

Nem sempre é de fácil solução definir os limites de atuação de comissão parlamentar de inquérito que não invadem a competência do Poder Judiciário, o que causa enorme demanda junto a este Poder, com vistas a afastar suposta incompetência da comissão.

Ao percorrer o Texto Constitucional, identificam-se os seguintes pontos, todos constantes do art. 5°, que especificam a competência privativa do Judiciário para sobre eles deliberar:

a) XI – a casa é asilo inviolável do indivíduo, ninguém nela podendo penetrar sem consentimento do morador, salvo em caso de flagrante delito ou desastre, ou para prestar socorro, ou, durante o dia, **por determinação judicial**[21] (grifou-se);

b) XII – é inviolável o sigilo da correspondência e das comunicações telegráficas, de dados e das comunicações telefônicas, salvo, no último caso, **por ordem judicial**[22], nas hipóteses e na forma que a lei

---

[21] Nesse sentido, a seguinte ementa do STF: Mandado de segurança contra ato do Presidente da Comissão Parlamentar de Inquérito destinada a investigar o avanço e a impunidade do narcotráfico. 2. Apreensão de documentos e equipamentos sem fundamentação em locais invioláveis. 3. Parecer da Procuradoria-Geral da República pela concessão da ordem. 4. O fato da autorização judicial para a perícia dos equipamentos, oriunda de autoridade judiciária de primeiro grau, após a apreensão, sem mandado judicial, não legitima os resultados da perícia que se tenha realizado ou em curso. 5. **Mandado de segurança que se defere para determinar a devolução dos bens e documentos apreendidos, declarando-se ineficaz eventual prova decorrente dessa apreensão com infração do art. 5°, XI, da Lei Maior** (grifou-se) (MS 23642 / DF, Relator Ministro Néri da Silveira. Publicado no DJ de 9.3.2001, p. 103)

[22] Nesse sentido, a seguinte ementa do STF: 1. COMISSÃO PARLAMENTAR DE INQUÉRITO. Interceptação telefônica. Sigilo judicial. Segredo de justiça. Quebra. Impossibilidade jurídica. Requisição de cópias das ordens judiciais e dos mandados. Liminar concedida. Admissibilidade de submissão da liminar ao Plenário, pelo Relator, para referendo. Precedentes (MS n° 24.832-MC, MS n° 26.307-MS e MS n° 26.900-MC). Voto vencido. Pode o Relator de mandado de segurança submeter ao Plenário, para efeito de referendo, a liminar que haja deferido. 2. COMISSÃO PARLAMENTAR DE INQUÉRITO – CPI. Prova. Interceptação telefônica. Decisão judicial. Sigilo judicial. Segredo de justiça. Quebra. Requisição, às operadoras, de cópias das ordens judiciais e dos mandados de

estabelecer para fins de investigação criminal ou instrução processual penal (grifou-se);

c) LXI – ninguém será preso senão em flagrante delito ou **por ordem escrita e fundamentada de autoridade judiciária competente**[23], salvo nos casos de transgressão militar ou crime propriamente militar, definidos em lei (grifou-se).

Observe-se que, em todas essas hipóteses, a comissão não pode determinar, por moto próprio, a prática desses atos, uma vez que, conforme expressamente consagrado na Constituição, são privativos do Poder Judiciário.

A deliberação acerca desses fatos somente poderá decorrer de ato do Magistrado, motivo por que a expressão "poderes de investigação próprios das autoridades judiciais" não confere poderes à CPI para praticar atos que estejam sob a reserva jurisdicional.

O princípio da reserva de jurisdição, cuja competência é privativa do Poder Judiciário, nos limites e competências fixados no Texto Constitucional, impõe que as hipóteses de busca domiciliar, interceptação telefônica, decretação de prisão, salvo em caso de flagrância penal, não podem ser decretadas por comissão parlamentar de inquérito, haja vista ser de competência exclusiva do Poder Judiciário essa decretação, motivo por que não há falar em CPI deliberar sobre essas hipóteses, sob pena de intervenção do Poder Judiciário.

Essa delimitação de competência de CPI não ofende a Tripartição de Poderes consagrada em Montesquieu e adotada pelo Brasil. Ao contrário, ratifica-a na medida da independência e harmonia entre os Poderes, observados os limites de *checks and balances* decorrentes dessa tripartite distribuição das funções do Estado.

---

interceptação. Inadmissibilidade. Poder que não tem caráter instrutório ou de investigação. Competência exclusiva do juízo que ordenou o sigilo. Aparência de ofensa a direito líquido e certo. Liminar concedida e referendada. Voto vencido. Inteligência dos arts. 5º, X e LX, e 58, § 3º, da CF, art. 325 do CP, e art. 10, cc. art. 1º da Lei federal nº 9.296/96. **Comissão Parlamentar de Inquérito não tem poder jurídico de, mediante requisição, a operadoras de telefonia, de cópias de decisão nem de mandado judicial de interceptação telefônica, quebrar sigilo imposto a processo sujeito a segredo de justiça. Este é oponível a Comissão Parlamentar de Inquérito, representando expressiva limitação aos seus poderes constitucionais** (grifou-se) (MS 27483 MC-REF / DF, Relator Ministro Cezar Peluso, DJe 192, publicado em 10.10.2008, p. 189)

23 Nesse sentido, a seguinte ementa do STF: HABEAS CORPUS. CPI DA PIRATARIA. CONVOCAÇÃO PARA DEPOR. AMEAÇA DE PRISÃO. Não existindo indícios de que será decretada a prisão do paciente convocado para depor em comissão parlamentar de inquérito, não há que se falar em ameaça de sua liberdade de ir e vir. Habeas corpus incabível. Precedentes. **Qualquer pessoa tem o direito público subjetivo de permanecer calado quando for prestar depoimento perante órgão do Poder Legislativo, Executivo ou Judiciário. Habeas corpus deferido somente para assegurar o direito do paciente de permanecer em silêncio** (grifou-se) (HC 83357 / DF, Relator Ministro Nelson Jobim, DJ de 26.3.2004, p. 6.

Assim sendo, não há falar em comissão parlamentar de inquérito adentrar matérias de competência exclusiva do Poder Judiciário (reserva de jurisdição), sob pena de se desconstituir o ato por ela praticado por intermédio da tutela jurisdicional[24].

3.6 CONSEQUÊNCIAS DA CPI

A comissão parlamentar de inquérito, como verificado, possui natureza investigatória politico-administrativa.

Entretanto, seria mitigar sua finalidade concebê-la como mero instrumento investigatório administrativo, a fim de produzir efeitos tão-somente administrtivos, como, por exemplo, supensão dos direitos políticos por oito anos.

O sistema de controle, entendido como aquele composto por todos os entes responsáveis por exercer o controle dos atos da Administração, há de proporcionar meios de comunicação entre os órgãos que o integram. Mencionem-se, por exemplo, o Poder Judiciário, o Ministério Público, o Poder Legislativo, os Tribunais de Contas, os cidadãos, entidades de classe... como instrumentos hábeis a controlar os atos praticados pela Administração.

Ocorre que, além das infrações político-administrativas a que se sujeitam os investigados por comissão parlamentar de inquérito, podem ser verificadas outras irregularidades que ensejam a atuação de órgãos diversos para processar e julgar os infratores no âmbito das respectivas competências.

É, por exemplo, o caso do Tribunal de Contas da União – TCU. A comissão parlamentar de inquérito, ao apurar fatos que possam ensejar dano ao Erário, deve comunicar tais fatos à Corte de Contas, a fim de que instaure

---

[24] Nesse sentido, MS-REF-MC 27483/DF (**in** DJe-192, de 10.10.2008, p. 189), REFERENDO EM MED. CAUT. MANDADO DE SEGURANÇA, Relator Min. CEZAR PELUSO Julgamento: 14/08/2008. "EMENTAS: 1. COMISSÃO PARLAMENTAR DE INQUÉRITO. Interceptação telefônica. Sigilo judicial. Segredo de justiça. Quebra. Impossibilidade jurídica. Requisição de cópias das ordens judiciais e dos mandados. Liminar concedida. Admissibilidade de submissão da liminar ao Plenário, pelo Relator, para referendo. Precedentes (MS nº 24.832-MC, MS nº 26.307-MS e MS nº 26.900-MC). Voto vencido. Pode o Relator de mandado de segurança submeter ao Plenário, para efeito de referendo, a liminar que haja deferido. 2. COMISSÃO PARLAMENTAR DE INQUÉRITO – CPI. Prova. Interceptação telefônica. Decisão judicial. Sigilo judicial. Segredo de justiça. Quebra. Requisição, às operadoras, de cópias das ordens judiciais e dos mandados de interceptação. Inadmissibilidade. Poder que não tem caráter instrutório ou de investigação. Competência exclusiva do juízo que ordenou o sigilo. Aparência de ofensa a direito líquido e certo. Liminar concedida e referendada. Voto vencido. Inteligência dos arts. 5º, X e LX, e 58, § 3º, da CF, art. 325 do CP, e art. 10, cc. art. 1º da Lei federal nº 9.296/96. **Comissão Parlamentar de Inquérito não tem poder jurídico de, mediante requisição, a operadoras de telefonia, de cópias de decisão nem de mandado judicial de interceptação telefônica, quebrar sigilo imposto a processo sujeito a segredo de justiça. Este é oponível a Comissão Parlamentar de Inquérito, representando expressiva limitação aos seus poderes constitucionais"**. (grifou-se)

os procedimentos pertinentes com vistas a recompor o patrimônio público, como, por exemplo, tomada de contas especial, com o bjetivo de apurar os fatos, identificar os responsáveis e quantificar o dano causado aos cofres públicos federais[25].

De igual forma, é competente o Ministério Público para oferecer denúncia dos fatos típicos e antijurídicos apurados em sede de comissão parlamentar de inquérito e considerados procedentes por esse Órgão, em decorrência do recebimentos da conclusão dos trabalhos desenvolvidos pela comissão parlamentar de inquérito.

É nesse contexto de interação entre os órgãos integrantes do sistema de controle da Administração Pública que deve ser entendida como meramente exemplificativa a remessa das conclusões de seus trabalhos ao Ministério Público, para que promova a responsabilidade civil ou criminal dos infratores, já que outros órgãos, igualmente constitucionais, possuem competências de fiscalização próprias e independentes, conforme disposto no art. 58, § 3°, da Constituição Federal.

Ademais, não se pode perder o horizonte de que o agente público pode responder por um mesmo ato civil, penal e administrativamente, concomitantemente ou não, sem que isso configuere **bis in idem**, haja vista as esferas distintas e independentes de responsabilidade do agente público infrator.

[25] Nesse sentido é o que dispõe o art. 8°, da Lei n° 8.443/1992, Lei Orgânica do Tribunal de Contas da União: "Art. 8° Diante da omissão no dever de prestar contas, da não comprovação da aplicação dos recursos repassados pela União, na forma prevista no inciso VII do art. 5° desta lei, da ocorrência de desfalque ou desvio de dinheiros, bens ou valores públicos, ou, ainda, da prática de qualquer ato ilegal, ilegítimo ou antieconômico de que resulte dano ao erário, a autoridade administrativa competente, sob pena de responsabilidade solidária, deverá imediatamente adotar providências com vistas à instauração da tomada de contas especial para apuração dos fatos, identificação dos responsáveis e quantificação do dano."

IV
ASSUNTOS INTERNA CORPORIS DA CPI

Segundo distribuição das precípuas competências dos Poderes da União, poder-se-ia dizer que ao Poder Legislativo compete a elaboração normativa do País; ao Judiciário, a prestação da tutela jurisdicional; ao Executivo, a administração do Estado.

Ocorre que essa é uma distribuição para a atividade-fim de cada Poder. Entretanto, para a persecução de seus objetivos, hão de ser considerados os atos administrativos, ou seja, todos os Poderes, para perseguirem suas respectivas competências definidas na Constituição Federal, praticam atos administrativos, ou seja, praticam atos **interna corporis**.

Assim, o Congresso Nacional pratica atos administrativos, a fim de movimentar sua máquina administrativa, inclusive com o objetivo de exercer sua função precípua, qual seja: elaboração de atos normativos.

Emerge daí o questionamento acerca da competência do Poder Judiciário (no caso de comissão parlamentar de inquérito criada no Parlamento federal, o Supremo Tribunal Federal) para controlar atos **interna corporis** do Congresso Nacional e da CPI.

Em sede do Mandado de Segurança nº 26900/DF (**in** DJe-060, de 4.4.2008, p. 492), de relatoria do Ministro Ricardo Lewandowski, foi requerido por diversos Deputados Federais o direito de assistirem à sessão secreta do Senado Federal que tinha por objetivo a votação da cassação de mandato do Presidente do Senado Federal.

Pela relevância do tema e objetivo desse tópico, deve-se colacionar a ementa da medida cautelar deferida pelo Ministro Lewandowski, em que foi ratificada medida cautelar concedida em sede de mandado de segurança, para garantir o direito de os Deputados Federais impetrantes do *writ* assistirem à sessão em comento:

> MEDIDA CAUTELAR EM MANDADO DE SEGURANÇA PREVENTIVO. SESSÃO DELIBERATIVA EXTRAORDINÁRIA DO SENADO FEDERAL. PROJETO DE RESOLUÇÃO 53/2007. PARECER

> 739/2007 DO CONSELHO DE ÉTICA E DECORO PARLAMENTAR SOBRE A REPRESENTAÇÃO 1/2007 QUE RECOMENDA A PERDA DO MANDATO DO PRESIDENTE DO CONGRESSO NACIONAL. ACESSO AOS DEPUTADOS FEDERAIS IMPETRANTES. POSSIBILIDADE. LIMINAR DEFERIDA E REFERENDADA. I – A Sessão Deliberativa Extraordinária do Senado Federal que decide sobre a perda de mandato do Presidente do Congresso Nacional, faz com que todos os parlamentares, sejam eles membros da Câmara ou do Senado Federal, tenham legítimo interesse no desfecho da Sessão, visto que, somados, compõem o Poder Legislativo, que é exercido pelo Congresso Nacional (art. 44 da CF). II – Liminar deferida e referendada.

Nos termos dos arts. 51, IV, e 52, XIII, da Constituição Federal, compete, privativamente, à Câmara dos Deputados e ao Senado Federal, respectivamente:

> **Dispor sobre sua organização, funcionamento**, polícia, criação, transformação ou extinção dos cargos, empregos e funções de seus serviços, e a iniciativa de lei para fixação da respectiva remuneração, observados os parâmetros estabelecidos na lei de diretrizes orçamentárias. (grifou-se)

Nesse sentido, a organização e o funcionamento, tanto da Câmara dos Deputados quanto do Senado Federal, são disciplinados mediante ato próprio, interno, ou seja, por meio de Resolução[1], e se inserem no plexo de competências privativas das respectivas Casas.

Está-se diante de um assunto eminentemente **interna corporis**, no exemplo, do Senado Federal.

Diversamente do sistema adotado na França[2], por exemplo, de onde provém grande influência no Direito Administrativo brasileiro, a República Federativa do Brasil adotou o Sistema de Jurisdição Única, nos termos consagrados pelo princípio da inafastabilidade do Poder Judiciário ante

---

1 O art. 60 da Constituição Federal estabelece que o processo legislativo a cargo do Congresso Nacional compreende a produção normativa dos seguintes diplomas: a) emendas à Constituição; b) leis complementares; c) leis ordinárias; d) leis delegadas; e) medidas provisórias; f) decretos legislativos; g) **resoluções**.

2 Hely Lopes Meirelles assim se manifesta sobre ao assunto (**in** Direito Administrativo Brasileiro. São Paulo: Malheiros Editores, 34ª ed., 2008, pp. 50/51): "Na França, após a Revolução (1789), a tripartição das funções do Estado em executivas, legislativas e judiciais veio ensejar a especialização das atividades do governo e dar independência aos órgãos incumbidos de realizá-las. Daí surgiu a necessidade de julgamento dos atos da Administração ativa, o que inicialmente ficou a cargo dos Parlamentos, mas posteriormente reconheceu-se a conveniência de se desligar as atribuições políticas das judiciais. Num estágio subsequente foram criados, a par dos tribunais judiciais, os tribunais administrativos. Surgiu, assim, a Justiça Administrativa, e, como corolário lógico, se foi estruturando um Direito específico da Administração e dos administrados para as suas relações recíprocas. Era o advento do Direito Administrativo."

lesão ou ameaça a direito (art. 5°, XXXV, Constituição Federal). Por meio desse Sistema, compete ao Poder Judiciário pôr termo a qualquer controvérsia, seja ela oriunda do próprio Poder Judiciário, seja ela originária da prática do ato administrativo existente nos Três Poderes.

O Sistema de Jurisdição Única contrapõe-se ao Contencioso Administrativo, em que os atos administrativos se exaurem na própria Administração. Neste, verifica-se o instituto da coisa julgada no âmbito administrativo. Naquele, a coisa julgada somente ocorre na esfera do Poder Judiciário.

Impõe-se, então, perquirir a competência do Supremo Tribunal Federal para, em sede da prestação da tutela jurisdicional, controlar ato administrativo (**interna corporis**) de competência privativa do Senado Federal, da Câmara dos Deputados, do Congresso Nacional ou da comissão parlamentar de inquérito, em que for duvidosa a existência de violação a direito subjetivo de outrem.

Diogenes Gasparini, ao lecionar sobre a extensão do controle jurisdicional, em especial sobre a possibilidade ou não de o Poder Judiciário adentrar assuntos **interna corporis** da Administração, assim se manifesta[3]:

> Limita-se o controle jurisdicional, nos casos concretos, ao exame da legalidade do ato ou da atividade administrativa. Escapa-lhe, por conseguinte, o exame do mérito do ato ou atividade administrativa. Assim, os aspectos de conveniência e oportunidade não podem ser objeto desse controle. A autoridade jurisdicional pode dizer o que é legal ou ilegal, mas não o que é oportuno ou conveniente e o que é inoportuno ou inconveniente.
>
> Por outro lado, em princípio, só abrange os casos concretos, isto é, os decorrentes da aplicação da lei. A apreciação das leis em tese (as não aplicadas a um caso concreto) é excepcional. O mesmo não se pode dizer das leis e medidas provisórias de efeito concreto. Estas, a exemplo de outras, podem ser sindicadas. Portanto, cabe dizer que o controle jurisdicional estende-se ao exame dos atos administrativos, no que concerne à legalidade, por ocasião da concreção da lei.
>
> Ademais, não alcança outras situações, mesmo que absolutamente iguais, que envolvam partes distintas das submetidas ao controle. **Não incide sobre os atos *interna corporis*, porque cuidam de questões ou assuntos que dizem direta ou imediatamente com a economia interna das Casas Legislativas e com os seus privilégios. Por isso, são apreciados unicamente pelo Plenário de cada Câmara Legislativa**. (grifou-se)

O Professor Gasparini, ao discriminar a extensão do controle jurisdicional dos atos administrativos, ensina que essa previsão de controle tão-somente da

---

3 GASPARINI, Diogenes. Direito Administrativo. São Paulo: Saraiva, 10ª ed., 2005, pp. 838/839.

legalidade dos atos administrativos não é instituto recente e assim ponderou em nota de rodapé[4]:

> Essa restrição não só é antiga, como vigora desde 1894, quando o art. 13, § 9º, a, da Lei nº 221, de 20 de novembro desse ano, estabeleceu: 'Consideram-se ilegais os atos ou decisões administrativas em razão da não-aplicação ou indevida aplicação do direito vigente. A autoridade judiciária fundar-se-á em razões jurídicas, abstendo-se de apreciar o merecimento de atos administrativos, sob o ponto de vista de sua conveniência ou oportunidade' (Enciclopédia Jurídica eletrônica, de Leib Soibelman).

Faz-se necessário, então, abordar a extensão do que vem a ser classificado como assunto **interna corporis** do Congresso Nacional.

Nem todo o ato praticado administrativamente pelo Parlamento está albergado pelo manto do assunto **interna corporis** de competência exclusiva ou privativa das Casas do Congresso Nacional, pois existem atos administrativos praticados por comissão parlamentar de inquérito que, embora no plexo de competências discriminadas nos art. 51, IV, e 52, XIII, 58, § 3º, da Constituição Federal, sujeitam-se ao crivo da legalidade tanto pela própria comissão quanto pelo Judiciário.

Ao definir atos **interna corporis** ao Congresso Nacional, Hely Lopes Meirelles assim leciona[5]:

> *Interna Corporis* são só aquelas questões ou assuntos que entendem direta e imediatamente com a economia interna da corporação legislativa, com seus privilégios e com a formação ideológica da lei, que, por sua própria natureza, são reservados à exclusiva apreciação e deliberação do Plenário da Câmara. Tais são os atos de escolha da Mesa (eleições internas), **os de verificação de poderes e incompatibilidades de seus membros (cassação de mandatos, concessão de licenças etc.)** e **os de utilização de suas prerrogativas institucionais (modo de funcionamento da Câmara, elaboração de regimento, constituição de comissões, organização de serviços auxiliares etc.)** e a valoração das votações. (grifou-se)

Não se pretende aqui asseverar ou defender o afastamento do Poder Judiciário em face dos atos **interna corporis** ao Congresso Nacional, pois, se assim fosse, estar-se-ia a violar um dos sustentáculos da República, qual seja o Sistema de Jurisdição Única, expressamente consagrado no art. 5º, XXXV, da Lei Maior.

---

4 GASPARINI, Diogenes. Direito Administrativo. São Paulo: Saraiva, 10ª ed., 2005, p. 838.

5 MEIRELLES, Hely Lopes. Direito Administrativo Brasileiro. São Paulo: Malheiros Editores, 34ª ed., 2008, p. 722.

Entretanto, impõe-se consignar que a tutela jurisdicional prestada pelo Poder Judiciário diz respeito ao controle de legalidade do ato praticado pela Administração, seja nos aspectos procedimentais, seja sob o ângulo da inobservância de algum direito fundamental, como, por exemplo, o direito ao devido processo legal, ao contraditório e à ampla defesa, princípios consagrados no art. 5°, LIV e LV da Constituição Federal.

Ad argumentandum tantum, poder-se-ia conceber a possibilidade de os Deputados Federais assistirem à sessão de votação de cassação do Presidente do Senado Federal em razão do argumento de que não se tratava de um simples Senador, dentre o universo de oitenta e um, mas sim do Presidente do Congresso Nacional, o qual abarcaria, necessariamente, a Câmara dos Deputados e o Senado Federal.

Os direitos e garantias individuais hão de ser sopesados com os demais princípios ou garantias igualmente constitucionais. O princípio da publicidade expressamente consagrado no **caput** do art. 37, da Lei Maior, sofre, por exemplo, mitigações em face de outros princípios de mesma estatura[6], mas não pode, por si só, fundamentar a tutela pleiteada no caso acima colacionado.

Ora, se se tratava do Presidente do Parlamento brasileiro, ao Congresso Nacional, então, competiria processar e julgar o seu Presidente pelos fatos que fundamentavam o procedimento de apuração, e não somente ao Senado Federal.

Não se desconhece a inexistência de uma norma única que discipline o processamento e o julgamento pelo Congresso Nacional por falta de decoro parlamentar de um de seus membros, já que ambas as Casas possuem regramento próprio, consoante disciplinam os arts. 51, IV, e 52, XIII, da Constituição Federal.

Ante essa lacuna legislativa, compete, portanto, ao Supremo Tribunal Federal manifestar-se sobre o pleito formulado pelos Deputados Federais, em consonância com o Sistema de Jurisdição Única vigente no ordenamento jurídico pátrio.

Em que pese não caber ao Supremo Tribunal Federal adentrar a forma de o Senado Federal, a Câmara dos Deputados, o Congresso Nacional e

---

6 O art. 93, IX, da Constituição Federal, com a redação dada pela EC n° 45/2004, prevê expressamente a possibilidade de julgamento pelo Poder Judiciário em que sejam limitadas as presenças de determinadas pessoas, nos seguintes termos: "Lei complementar, de iniciativa do Supremo Tribunal Federal, disporá sobre o Estatuto da Magistratura, observados os seguintes princípios: (...) IX – todos os julgamentos dos órgãos do Poder Judiciário serão públicos, e fundamentadas todas as decisões, sob pena de nulidade, podendo a lei limitar a presença, em determinados atos, às próprias partes e a seus advogados, ou somente a estes, em casos nos quais a preservação do direito à intimidade do interessado no sigilo não prejudique o interesse público à informação".

as comissões parlamentares de inquérito disporem sobre sua organização ou funcionamento, pois essas competências são privativas de cada Casa do Congresso Nacional, disciplinadas pelo Poder Constituinte Originário nos artigos 51, IV, e 52, XIII, da Constituição Federal, não há perquirir a sua competência para pôr termo a litígios inaugurados no âmbito administrativo, que possam violar direitos e garantias individuais dos requerentes.

Poder-se-ia ponderar a simetria ou norma de reprodução obrigatória em virtude de uma das Casas do Parlamento (Câmara dos Deputados[7]) permitir que membros da outra Casa (Senado Federal) possam assistir às suas sessões secretas. Entretanto, esse não pareceria ser o melhor argumento, pois o funcionamento de cada Casa do Parlamento é assunto de competência privativa do Senado Federal ou da Câmara dos Deputados, motivo por que se uma permite o acesso de membros da outra em suas sessões secretas, esta não necessariamente deve ter dispositivo idêntico em seus normativos internos.

Entretanto, ao se verificar uma suposta violação de direito sofrida por membro de uma das Casas do Congresso Nacional em face da outra, uma vez provocado, há de haver a intervenção do Supremo Tribunal Federal para o deslinde do feito, ainda que o assunto seja considerado **interna corporis** pela Casa que, supostamente, teria violado direito dos membros da outra. Os assuntos **interna corporis** não se classificam por meio de conceituação do órgão, mas sim pela natureza jurídica do ato praticado.

Mutatis mutandis, não há falar o Supremo Tribunal Federal adentrar assuntos eminentemente procedimentais de comissões parlamentares de inquérito, que não ofendam direitos e garantias individuais, sob pena de violação à Tripartição de Poderes consagrada em Montesquieu. Ao contrário, uma vez verificada a mencionada violação a direitos e garantias individuais, a princípio da Administração, a temas com reserva de jurisdição, por exemplo, compete ao Poder Judiciário, por intermédio dos remédios processuais adequados, extirpar do mundo jurídico esses atos contrários ao Direito.

Nesse sentido, entende-se que não deve haver revisão de atos praticados pela Administração, aí incluídos os de comissão parlamentar de inquérito, dentro do plexo de competências a ela atribuídas, cuja natureza seja **interna corporis**, desde que não haja violação à norma legal, ofensa a direitos e garantias fundamentais ou invasão a temas com reserva de jurisdição, ou seja, compete ao Pretório Excelso, tão-somente, o controle da legalidade dos atos administrativos.

---

7 A Câmara dos Deputados permite que Senadores da República participem das reuniões secretas de suas competência, como se extrai do art. 48, § 4°, do Regimento Interno da Câmara dos Deputados. O Senado Federal não tem dispositivo semelhante em seu Regimento Interno.

V
PRINCÍPIOS APLICÁVEIS À CPI

Pode-se compreender que o ordenamento jurídico compõe-se de um conjunto normativo, ora expresso, ora implícito, que norteia as condutas do Estado e do cidadão, bem como entre eles.

A partir daí, surge uma discussão doutrinária sobre a diferença entre regra e princípio.

Para tanto, serão colacionados entendimentos de administrativistas e constitucionalistas, se é que o administrativista não está contido no constitucionalista.

Nas palavras do professor Celso Antônio Bandeira de Mello[1]:

> Princípio (...) é, por definição, mandamento nuclear de um sistema, verdadeiro alicerce dele, disposição fundamental que se irradia sobre diferentes normas compondo-lhes o espírito e servindo de critério para sua exata compreensão e inteligência exatamente por definir a lógica e a racionalidade do sistema normativo, no que lhe confere a tônica e lhe dá sentido harmônico.

Daí por que, continua o autor[2]:

> Violar um princípio é muito mais grave que transgredir uma norma qualquer. A desatenção ao princípio implica ofensa não apenas a um específico mandamento obrigatório, mas a todo o sistema de comandos. É a mais grave forma de ilegalidade ou inconstitucionalidade, conforme o escalão do princípio atingido, porque representa uma insurgência contra todo o sistema, subversão de seus valores fundamentais, contumélia irremissível a seu arcabouço lógico e corrosão de sua estrutura mestra.

Acerca da diferença entre norma, regra e princípio, Canotilho consigna norma como gênero que comporta duas espécies: regras e princípios.

---

1 MELLO, Celso Antônio Bandeira de. Curso de Direito Administrativo. São Paulo: Malheiros Editores, 25ª ed., 2008, pp. 942/943.

2 Idem, p. 943.

Partindo-se dessa classificação, o próprio autor define ambas as espécies da seguinte forma[3]:

> Os **princípios** interessar-nos-ão, aqui, sobretudo na sua qualidade de verdadeiras *normas, qualitativamente distintas* das outras categorias de normas, ou seja, das **regras jurídicas.** As diferenças qualitativas traduzir-se-ão, fundamentalmente, nos seguintes aspectos. Os **princípios** são normas jurídicas impositivas de uma *optimização*, compatíveis com vários graus de concretização, consoante os condicionalismos fácticos e jurídicos; as ***regras*** são normas que prescrevem imperativamente uma exigência (impõem, permitem ou proíbem) que é ou não é cumprida (...); a convivência dos princípios é conflitual (...), a convivência de regras é antinômica; os princípios coexistem, as regras antinômicas excluem-se. Consequentemente, os princípios, ao constituírem *exigências de optimização*, permitem o balanceamento de valores e interesses (não obedecem, como as regras, à 'lógica do tudo ou nada'), consoante o seu *peso* e a ponderação de outros princípios eventualmente conflituantes; as regras não deixam espaço para qualquer outra solução, pois se uma regra *vale* (tem validade) deve cumprir-se na exacta medida das suas prescrições, nem mais nem menos. Como se verá mais adiante, em caso de *conflito entre princípios*, estes podem ser objecto de ponderação, de harmonização, pois eles contêm apenas 'exigências' ou 'standards' que, em 'primeira linha' (*prima facie*), devem ser realizados; as regras contêm 'fixações normativas' *definitivas*, sendo insustentável a *validade* simultânea de regras contraditórias. Realça-se também que os princípios suscitam problemas de *validade e peso* (importância, ponderação e valia); as regras colocam apenas questões de *validade* (se elas não são correctas devem ser alteradas. (grifou-se)

Robert Alexy, ao mencionar a diferença entre regras e princípios, assim se manifesta[4]:

> O ponto decisivo na distinção entre regras e princípios é que princípios são normas que ordenam que algo seja realizado na maior medida possível dentro das possibilidades jurídicas e fáticas existentes. Princípios são, por conseguinte, *mandamentos de otimização*, que são caracterizados por poderem ser satisfeitos em graus variados e pelo fato de que a medida devida de sua satisfação não depende somente das possibilidades fáticas, mas também das possibilidades jurídicas. O âmbito das possibilidades jurídicas é determinado pelos princípios e regras colidente. Já as *regras*

---

3 CANOTILHO, J. J. Gomes. Direito Constitucional e Teoria da Constituição. Coimbra: Livraria Almedina, 3ª ed., 1999, pp.1087/1088.

4 ALEXY, Robert. Teoria dos Direitos Fundamentais. Tradução de Virgílio Afonso da Silva. São Paulo: Malheiros Editores, 5ª ed. 2006, pp. 90/91.

> são normas que são sempre ou satisfeitas ou não satisfeitas. Se uma regra vale, então, deve se fazer exatamente aquilo que ela exige; nem mais, nem menos. Regras contêm, portanto, *determinações* no âmbito daquilo que é fática e juridicamente possível. Isso significa que a distinção entre regras e princípios é uma distinção qualitativa, e não uma distinção de grau. Toda norma é ou uma regra ou um princípio.

Ao consolidar as diferenças entre princípios e regras, mencionando ensinamento de Canotilho, o Professor Inocêncio Mártires Coelho assim se manifesta a partir dos seguintes critérios[5]:

- grau de *abstração*: os *princípios jurídicos* são normas com um grau de abstração relativamente mais elevado do que o das *regras de direito;*
- grau de *determinabilidade na aplicação ao caso concreto: os princípios, por serem vagos e indeterminados, carecem de mediações concretizadoras (e.g., do legislador ou do juiz), enquanto as regras são suscetíveis de aplicação direta;*
- caráter de *fundamentalidade* no sistema das fontes de direito: os *princípios* são normas de natureza ou com um papel fundamental no ordenamento jurídico devido à sua posição hierárquica no sistema das fontes (e.g., os princípios constitucionais) ou à sua importância estruturante no sistema jurídico (e.g., o princípio do Estado de Direito);
- *proximidade* da ideia de direito: os *princípios* são *standards* juridicamente vinculantes, radicados nas exigências de *justiça* (Dworkin) ou na *ideia de direito* (Larenz); as *regras* podem ser normas vinculantes com um conteúdo meramente funcional;
- *natureza normogenética*: os *princípios* são fundamentos de regras, isto é, são normas que estão na base ou constituem a *ratio* de regras jurídicas, desempenhando, por isso, uma função normogenética fundamentante.

É nesse contexto que, quando da verificação de dois princípios colidentes em face de um mesmo caso concreto, não há falar em invalidade de um ou nulidade de outro, pois eles possuem força integradora da norma e não são excludentes entre si, motivo por que deve ocorrer a aplicação de um e não do outro, sem que dessa aplicação decorra a declaração de nulidade do outro. Isso se deve ao fato da possibilidade de coexistirem dois princípios antagônicos em face de um caso concreto. É, portanto, juridicamente possível a coexistência no ordenamento jurídico de dois princípios antagônicos

[5] Apud COELHO, Inocêncio Mártires. Interpretação Constitucional., São Paulo: Saraiva, 3ª ed. 2007, pp. 76/77.

ao caso concreto analisado, sendo, contudo, aplicado um sem se declarar a nulidade do outro.

Isso não acontece com as regras, pois uma vez incompatível uma regra com a outra, há de ser declarada a invalidade de uma em face da outra, dada a impossibilidade jurídica de convivência de duas normas antinômicas, já que as regras proíbem, impõem ou permitem, diversamente dos princípios, que possuem força integradora na norma.

Sobre o tema, Robert Alexy traz percuciente pronunciamento acerca do conflito de regras, nos seguintes termos[6]:

> Ao contrário do que ocorre com o conceito de validade social ou de importância da norma, o conceito de validade jurídica não é graduável. Ou uma norma jurídica é válida, ou não é. Se uma regra é válida e aplicável a um caso concreto, isso significa que também sua consequência jurídica é válida. Não importa a forma como sejam fundamentados, não é possível que dois juízos concretos de dever-ser contraditórios entre si sejam válidos. Em um determinado caso, se se constata a aplicabilidade de duas regras com consequências jurídicas concretas contraditórias entre si, e essa contradição não pode ser eliminada por meio da introdução de uma cláusula de exceção, então, pelo menos uma das regras deve ser declarada inválida.

Feitas essas distinções entre princípios e regras, poder-se-iam adentrar as diversas classificações dos princípios[7]. Entretanto, com o intuito de objetivar o presente texto, passar-se-á diretamente aos princípios informadores dos trabalhos desenvolvidos pelas Comissões Parlamentares de Inquérito.

5.1 PRINCÍPIO DO DEVIDO PROCESSO LEGAL

O art. XI, nº 1, da Declaração Universal dos Direitos do Homem, estabelece que:

> Todo homem acusado de um ato delituoso tem o direito de ser presumido inocente até que a sua culpabilidade tenha sido provada de acordo com a

[6] ALEXY, Robert. Teoria dos Direitos Fundamentais. Tradução de Virgílio Afonso da Silva. São Paulo: Malheiros Editores, 5ª ed. 2006, p. 92.

[7] Lucas Rocha Furtado (**in** Curso de Direito Administrativo. Belo Horizonte: Fórum, 2007, pp. 94/136) classifica princípios da seguinte forma: a) princípios expressos, b) princípios implícitos). Celso Antônio Bandeira de Mello (**in** Curso de Direito Administrativo. São Paulo: Malheiros Editores, 25ª ed., 2008, pp. 95/125) também os classifica em expressos e implícitos. Hely Lopes Meirelles (**in** Direito Administrativo Brasileiro. São Paulo: Malheiros Editores, 34ª ed., 2008, pp. 88/105) fala sobre princípios básicos da Administração e já os especifica.

lei, em julgamento público no qual lhe tenham sido asseguradas todas as garantias necessárias à sua defesa.

Não se pode olvidar a natureza político-administrativa dos atos desenvolvidos por comissão parlamentar de inquérito, cujas consequências podem culminar, por exemplo, com a suspensão dos direitos políticos por oito anos, além dos desfechos no âmbito do Poder Judiciário, em caso de denúncia oferecida pelo Ministério Público em decorrência das conclusões daquele trabalho, sem prejuízo dos demais efeitos oriundos de outros órgãos, no âmbito de suas respectivas competências, como, por exemplo, o TCU.

Inspirada nesse dispositivo da Declaração Universal dos Direitos do Homem, a Constituição Federal de 1988, em seu art. 5°, LIV, consigna que: "ninguém será privado da liberdade ou de seus bens sem o devido processo legal".

Ao erigir o devido processo legal como direito fundamental, estabeleceu-se a garantia de o acusado possuir um processo desenvolvido segundo o respectivo rito previamente conhecido, a fim de se evitarem arbitrariedades do Estado (juiz) em face do cidadão.

Quando se fala em processo, podem ser imaginadas duas forças. A primeira do Estado, a quem compete apurar os ilícitos de sua competência. A segunda do "acusado", a quem compete afastar as acusações que lhe são impostas. Verifica-se, portanto, uma dualidade de forças.

Ocorre que o Estado, em regra, dispõe de mais recursos acusatórios do que o particular. Na medida em que se eleva o princípio do devido processo legal como direito e garantia fundamental (protegido, inclusive, contra emenda tendente a aboli-lo – art. 60, IV, "d", Constituição Federal), busca-se igualar as forças atuantes no processo, seja a força do Estado, seja a força do cidadão.

O devido processo legal garante ao acusado o direito de conhecer, previamente, as regras que disciplinarão, por exemplo, os atos a serem desenvolvidos por comissão parlamentar de inquérito, bem como a uniformidade dos ritos para todos quantos se encontrem naquela situação, em privilégio ao princípio da impessoalidade e da isonomia.

É nesse sentido, por exemplo, que se aplica aos atos praticados por comissão parlamentar de inquérito o direito de o acusado ser intimado pessoalmente, conhecer do processo, ter uma defesa técnica, produzir todas as provas admitidas no direito, conhecer dos ritos a que se submeterá... bem como todos os demais direitos que digam respeito à ampla defesa e ao contraditório, como corolários do princípio do devido processo legal.

Manoel Peixinho e Ricardo Guanabara[8], mencionando ensinamento de Hely Lopes Meirelles, acerca da aplicabilidade do devido processo legal, assim se expressam:

> O fato determinado que a comissão parlamentar de inquérito apura tem sempre enorme repercussão social. Os jornais, rádios, televisões dão-lhes imensa divulgação. As pessoas envolvidas, de todos os matizes, inclusive os agentes graduados do Poder Público ou da sociedade em geral, passam a ser alvo da curiosidade de todos e, não raro, desde logo são postos à execração pública, mesmo quando nada contra eles é esclarecido. Os danos morais que sobram são imensuráveis. Por isso, ainda que não fosse constitucionalmente assegurado o direito à ampla defesa, valeria um outro, ou seja, **aquele de que ninguém pode ser condenado sem defesa, no devido processo legal**. É incontestável que o exercício da ampla defesa vai desde a própria oitiva do indiciado até a produção de qualquer prova, desde que legalmente permitida. Seria uma iniquidade inconstitucional negar a alguém o direito a provar sua inocência. Nem se diga que as investigações parlamentares não têm forma de processo, não condenam, não punem, apenas colhem informes sobre irregularidades de fato determinado, para, ao depois, apresentar os dados concretos à autoridade competente, no caso o representante do Ministério Público, para que ofereça a denúncia criminal ou instaure o processo para a responsabilização civil. Não. O processo ou inquérito que a comissão instaura e prossegue até às conclusões é um procedimento judicialiforme, mesmo antes de a atual Constituição inserir a expressão em seu texto. (grifou-se)

A violação do princípio do devido processo legal consiste, portanto, em vício insanável a ser reparado pela própria comissão parlamentar de inquérito, no seu dever de autotutela, ou pelo Judiciário, ante a inafastabilidade deste diante de lesão ou ameaça a direito, por meio dos remédios processuais adequados.

A inobservância, portanto, do princípio do devido processo legal constitui grave violação a direito e garantia fundamental, motivo por que implica nulidade a partir do momento da violação e alcança todos os atos posteriores que com ela se comunicam.

5.2 PRINCÍPIO DO CONTRADITÓRIO E DA AMPLA DEFESA

Como corolário do Estado Democrático de Direito, a Constituição Federal estabeleceu, como direito e garantia fundamental, que "aos litigantes,

---

[8] Apud PEIXINHO, Manoel Messias Peixinho; GUANABARA, Ricardo. Comissões Parlamentares de Inquérito: Princípios, Poderes e Limites. Rio de Janeiro: Editora Lumen Juris, 2ª ed., 2005, pp. 95/96.

em processo judicial ou administrativo, e aos acusados em geral são assegurados o **contraditório** e **ampla defesa**, com os meios e recursos a ela inerentes"[9]. (grifou-se)

Embora se tenha o princípio do contraditório e da ampla defesa como garantia fundamental, nem sempre ele se apresenta absoluto, conforme ensina Humberto Theodoro Júnior[10]:

> Enfim, quando se afirma o caráter absoluto do princípio do contraditório, o que se pretende dizer é que nenhum processo ou procedimento pode ser disciplinado sem assegurar às partes a regra de isonomia no exercício das faculdades processuais. Disso não decorre, porém, a supremacia absoluta e plena do contraditório sobre todos os demais princípios. O devido processo legal, síntese geral da principiologia da tutela jurisdicional, exige que o contraditório, às vezes, tenha de ceder momentaneamente a medidas indispensáveis à eficácia e efetividade da garantia de acesso ao processo justo. Assim, no caso de medidas liminares (cautelares ou antecipatórias) a providência judicial é deferida a uma das partes antes da defesa da outra. Isto se admite, porque sem essa atuação imediata da proteção do interesse da parte, a eficácia do processo se anularia e a garantia máxima de **acesso à tutela da justiça** restaria frustrada.

Da mesma forma como preconizado pelo Professor Humberto Theodoro Júnior, em sede do controle externo de competência do Congresso Nacional, exercido com o auxílio do Tribunal de Contas da União, pode-se adotar medida cautelar, com vistas a tornar eficaz a decisão de mérito a ser proferida, sem que haja, inicialmente, a observância do princípio do devido processo legal[11].

---

9 Isso é o disposto no art. 5º, LV, da Constituição Federal.

10 THEODORO JÚNIOR, Humberto. Curso de Direito Processual Civil. Rio de Janeiro: Forense, 38ª ed., 2002, p. 25.

11 O art. 276 do Regimento Interno do Tribunal de Contas da União, ao regulamentar o art. 45, da Lei nº 8.443/1992, assim disciplina concessão de medida cautelar nos processos de sua competência:
"Art. 276. O Plenário, o relator, ou, na hipótese do art. 28, inciso XVI, o Presidente, em caso de urgência, de fundado receio de grave lesão ao erário, ao interesse público, ou de risco de ineficácia da decisão de mérito, poderá, de ofício ou mediante provocação, adotar medida cautelar, com ou sem a prévia oitiva da parte, determinando, entre outras providências, a suspensão do ato ou do procedimento impugnado, até que o Tribunal decida sobre o mérito da questão suscitada, nos termos do art. 45 da Lei nº 8.443, de 1992.
§ 1º O despacho do relator ou do Presidente, de que trata o caput, bem como a revisão da cautelar concedida, nos termos do § 5º deste artigo, será submetido ao Plenário na primeira sessão subsequente.
§ 2º Se o Plenário, o Presidente ou o relator entender que antes de ser adotada a medida cautelar deva o responsável ser ouvido, o prazo para a resposta será de até cinco dias úteis.
§ 3º A decisão do Plenário, do Presidente ou do relator que adotar a medida cautelar determinará também a oitiva da parte, para que se pronuncie em até quinze dias, ressalvada a hipótese do parágrafo anterior.
§ 4º Nas hipóteses de que trata este artigo, as devidas notificações e demais comunicações do Tribunal e, quando for o caso, a resposta do responsável ou interessado poderão ser encaminhadas

São requisitos para a concessão dessa medida cautelar **inaudita altera pars**, pelo Tribunal de Contas da União: i) urgência; ii) fundado receio de grave lesão ao erário ou a direito alheio ou de risco de ineficácia da decisão de mérito; iii) **fumus boni iuris**; iv) **periculum in mora**.

Ocorre que, por vezes, ante a natureza do procedimento instaurado, verifica-se não uma mitigação desse princípio, mas sua não aplicação, em face da busca da satisfação do interesse público sobre o privado. Para a concessão de medida cautelar, há de se ter em mente a possibilidade de ineficácia da decisão a ser proferida, daí por que devem estar presentes os requisitos fundamentais do **fumus boni iuris** (fumaça do bom direito) e do **periculum in mora** (perigo na demora), além de fundado receio de grave lesão ao erário ou a direito alheio ou de risco de ineficácia da decisão de mérito.

Corroborando a coexistência de princípios antagônicos no caso concreto, conforme anteriormente mencionado, verifica-se, na concessão de medidas cautelares **inaudita altera pars** pelo Tribunal de Contas da União, a prevalência do princípio do interesse público sobre o privado em face do princípio do contraditório e da ampla defesa.

Na esfera penal, ante a notícia de um fato típico e antijurídico, instaurar-se-á um inquérito policial com o objetivo de fornecer elementos para a formação da **opinio delicti** do Ministério Público e subsidiar a ação penal por meio de um conjunto probatório adequado.

Conforme ensina Vicente Greco Filho[12]:

> A atividade que se desenvolve no inquérito é administrativa, não se aplicando a ela os princípios da atividade jurisdicional, como o contraditório, a publicidade, nulidades etc. os atos do inquérito podem desenvolver-se em sigilo, quando necessários ao sucesso da investigação.

Observe-se, então, que não se está a desconsiderar o princípio do contraditório, mas sim em não o aplicar em uma fase meramente administrativa, em que não há possibilidade de lesão a direito de outrem, bem como que,

---

por telegrama, fac-símile ou outro meio eletrônico, sempre com confirmação de recebimento, com posterior remessa do original, no prazo de até cinco dias, iniciando-se a contagem do prazo a partir da mencionada confirmação do recebimento.

§ 5° A medida cautelar de que trata este artigo pode ser revista de ofício por quem a tiver adotado ou em resposta a requerimento da parte.

§ 6° Recebidas eventuais manifestações das partes quanto às oitivas a que se referem os parágrafos anteriores, deverá a unidade técnica submeter à apreciação do relator análise e proposta tão somente quanto aos fundamentos e à manutenção da cautelar, salvo quando o estado do processo permitir a formulação imediata da proposta de mérito".

12 GRECO FILHO, Vicente. Manual de Processo Penal. São Paulo: Saraiva, 6ª ed., 1999, p. 91.

em momento seguinte, serão franqueados todos os motivos que conduzem a investigação da CPI regularmente instaurada.

Essas considerações propedêuticas sobre inquérito policial decorrem do fato de a comissão parlamentar de inquérito possuir natureza jurídica de inquérito policial, ou seja, natureza jurídico-administrativa. Nesse sentido, aplicam-se à CPI os mesmos institutos acima mencionados.

Corroborando esse entendimento, deve ser colacionado excerto do voto proferido no Supremo Tribunal Federal, nos autos do MS 25508-MC (in DJ de 23.9.2005, p. 57), em decisão monocrática do Ministro Joaquim Barbosa, nos seguintes termos[13],[14]:

> No que concerne à alegada violação da garantia do contraditório e ampla defesa, não parece relevante, por ora, a indicação de ter sido negada qualquer possibilidade de defesa à impetrante em contraposição ao acolhimento de declarações de 'pessoa de credibilidade duvidosa'. Também considero que esse fundamento não basta para a concessão de liminar. É que a própria natureza do inquérito parlamentar, **semelhante ao inquérito policial**, afasta o contraditório como requisito de validade do procedimento (a respeito, cf. HC 73.271, Rel. Ministro Celso de Mello, Primeira Turma, julgamento em 19-3-06). (grifou-se)

A relação processual de que se reveste a comissão parlamentar de inquérito, de natureza político-administrativa, aperfeiçoa-se no momento em que o "investigado" é chamado a prestar esclarecimentos sobre os fatos que lhe são imputados. Fatos que devem ser-lhe informados por meio de notificação válida, momento processual em que se inaugura o devido processo legal, o contraditório e a ampla defesa.

---

13 O Supremo Tribunal Federal e as Comissões Parlamentares de Inquérito. Brasília: Supremo Tribunal Federal, 2006, p. 44.

14 No mesmo sentido o seguinte excerto (**in** idem): "Tenho para mim que a pretensão mandamental deduzida pelo impetrante não se reveste de plausibilidade jurídica. Com efeito, não me parece, ainda que em sede de estrita delibação, que, no caso ora em exame, a Comissão de Inquérito tenha desrespeitado a garantia da plenitude de defesa, pois ainda não se instaurou o processo político-administrativo a que se refere o art. 55, § 2º, da Constituição. É que a Comissão de Inquérito – que constitui a *longa manus* do Conselho de Ética e Decoro Parlamentar – limitou-se a atuar numa fase estritamente pré-processual, realizando diligências investigativas destinadas a comprovar, ainda que de modo sumário e preliminar, os fatos que poderão substanciar, em momento oportuno, o ulterior oferecimento de acusação formal contra o ora impetrante, por suposta prática de atos alegadamente incompatíveis com o decoro parlamentar. Isso significa, portanto, que a fase ritual em que presentemente se acha o procedimento de apuração sumária e preliminar dos fatos não comporta a prática do contraditório, nem impõe a observância da garantia da plenitude de defesa, eis que a investigação promovida pela Comissão de Inquérito reveste-se, no presente momento, do caráter de unilateralidade, impregnada que se acha de inquisitividade, circunstância essa que torna insuscetível de invocação a cláusula da plenitude de defesa e do contraditório." (MANDADO DE SEGURANÇA 24.083-MC, Rel. Min. Celso de Mello, decisão monocrática, julgamento em 26-9-01, DJ de 3-10-01)".

Percebe-se, então, que o princípio do contraditório há de ser observado em processos judiciais ou administrativos, como consta nos direitos e garantias fundamentais inseridos no Texto Constitucional, com as ressalvas expressamente previstas no ordenamento jurídico pátrio.

5.3 PRINCÍPIO DA LEGALIDADE

Como corolário do Estado Democrático de Direito consagrado no art. 1°, da Constituição Federal, emerge o princípio da legalidade.

Este princípio decorre de inspiração extraída do parágrafo único, da Carta Magna, **in verbis**: "Todo o poder emana do povo, que o exerce por meio de representantes eleitos ou diretamente, nos termos desta Constituição".

A titularidade do poder assenta-se no povo, cuja soberania, cidadania, dignidade da pessoa humana, valores sociais do trabalho e da livre iniciativa, pluralismo político somente serão efetivados como fundamentos da República expressamente previstos no primeiro artigo da Lei Maior se houver observância dos limites da lei.

Do Texto Constitucional, emergem dois "princípios da legalidade".

O primeiro está previsto no art. 5°, II (ninguém será obrigado a fazer ou deixar de fazer alguma coisa senão em virtude de lei). Em que pese esse princípio encontrar-se no capítulo "Dos Direitos e Deveres Individuais e Coletivos", pode-se concebê-lo como uma garantia constitucional do cidadão em face de eventuais arbitrariedades da Administração, "já que ele não tutela, especificamente, um bem da vida, mas assegura ao particular a prerrogativa de repelir as injunções que lhe sejam impostas por uma outra via que não seja a da lei"[15]. Verifica-se, portanto, que o princípio da legalidade previsto nesse dispositivo destina-se ao cidadão, a garantir os direitos do cidadão de não ser compelido a fazer ou deixar de fazer alguma coisa a não ser ante a existência de norma que contemple o dever de fazer ou não fazer.

Já o segundo princípio da legalidade constante no Texto Constitucional destina-se a estabelecer os limites de atuação da Administração Pública. Esta, além do previsto no art. 5°, II, cuja melhor exegese acena no sentido de destinar-se ao particular, deverá observar o princípio da legalidade discriminado no **caput** do art. 37 da Constituição Federal.

Por aquele princípio, é lícito ao particular fazer tudo o que a lei não veda. Já por este princípio, tem-se que a Administração Pública somente poderá fazer o que estiver previsto na lei. A **contrario sensu**, tudo o que não estiver previsto na lei a Administração Pública não poderá fazer, sob

[15] MORAES, Alexandre de. Direito Constitucional. São Paulo: Atlas, 15ª ed., 2004, p. 71.

pena de o administrador substitui-se ao poder que emana do povo, titular da produção normativa instrumentalizada pelo Poder Legislativo.

É nesse sentido que a competência de comissão parlamentar de inquérito não pode extrapolar os limites da lei, não sendo, portanto, lícito à comissão exigir do "investigado" deveres não previstos no ordenamento ou aqueles defesos pela norma legal, como, por exemplo, produzir provas contra si, sob pena de ser o ato ilegal desconstituído pelo Supremo Tribunal Federal.

5.4 PRINCÍPIO DA TRANSITORIEDADE

As comissões, no âmbito do Parlamento, são classificadas como temporárias ou permanentes. As comissões parlamentares de inquérito são espécie do gênero temporário.

O princípio da transitoriedade diz respeito à estabilidade jurídica, ou seja, deve buscar a pacificidade da natureza político-administrativa perseguida pelos trabalhos desenvolvidos por comissão parlamentar de inquérito.

O art. 58, § 3°, da Constituição Federal, estabelece que as comissões parlamentares de inquérito exigem, como requisito para sua criação, requerimento assinado por um terço de seus membros, fato determinado e **prazo certo**. É esse prazo certo que determina a transitoriedade e não a perpetuidade dos trabalhos desenvolvidos por comissão parlamentar de inquérito.

Não é demais colacionar dispositivos que determinam o prazo de duração de CPI:

a) o art. 5°, § 2°, da Lei n° 1.579/1952[16], estabelece que as comissões parlamentares de inquérito deverão concluir sua incumbência com a sessão legislativa em que tiver sido outorgada, salvo deliberação da respectiva Câmara, podendo prorrogá-las, contudo, dentro da Legislatura em curso;

b) o art. 76, II, e § 4°, do Regimento Interno do Senado Federal, estabelece, dentre as hipóteses de extinção das comissões, o término do respectivo prazo, que, no caso de comissão parlamentar de inquérito, não poderá ultrapassar o período da legislatura em que for criada, sendo que o prazo inicialmente previsto para conclusão dos trabalhos suspende-se durante o período de recesso[17] do Congresso Nacional;

---

[16] A Lei n° 1.579/1952 dispõe sobre as Comissões Parlamentares de Inquérito.

[17] Com a reforma introduzida por meio da Emenda Constitucional n° 50/2006, o art. 57 estabelece que o Congresso Nacional reunir-se-á, anualmente, na Capital Federal, de 2 de fevereiro a 17 de julho e de 1° de agosto a 22 de dezembro, remanescendo, portanto, recesso durante os períodos de 18 a 31 de julho e de 23 de dezembro a 1° de fevereiro subsequente.

c) o art. 35, § 3°, do Regimento Interno da Câmara dos Deputados, prevê o prazo de 120 (cento e vinte) dias para conclusão dos trabalhos de comissão parlamentar de inquérito criada naquela Casa.

Ademais, a razoável duração do processo, no caso de comissão parlamentar de inquérito, concebida como o prazo certo integrante do requisito formal exigido no requerimento de criação dessa comissão, previsto no art. 58, § 3°, da Constituição Federal, está em consonância com a reforma introduzida pela Emenda Constitucional n° 45/2004, a qual acrescentou o inciso LXXVIII no art. 5°, assim descrito: "a todos, **no âmbito judicial e administrativo**, são assegurados a razoável duração do processo e os meios que garantam a celeridade de sua tramitação". (grifou-se)

É de consignar, então, que o limite para conclusão dos trabalhos perseguidos por CPI há de observar, em qualquer hipótese, o prazo da legislatura em que fora criada, conforme consignado no art. 5°, § 2°, da Lei n° 1.572/1952, sob pena de se perpetuar sua atividade e gerar instabilidade e insegurança jurídicas, além da possibilidade de renovação do Parlamento – e aí entendo residir o maior fundamento do limite da legislatura – e se descaracterizarem os trabalhos até então desenvolvidos, ante os novos mandatos.

5.5 PRINCÍPIO DA FINALIDADE

Quando se está a falar do princípio da finalidade, já se superou aquele concebido a partir dos requisitos do ato administrativo (competência, forma, finalidade, motivo e objeto), pois a finalidade dos atos administrativos há de ser sempre pública, sob pena de invalidade do ato praticado pela Administração.

Entretanto, ao falar de finalidade como princípio informador dos atos praticados por comissão parlamentar de inquérito, deve-se ter em mente o previsto no § 3°, do art. 58, da Constituição Federal[18], que estabelece a criação de comissão parlamentar de inquérito para apuração de fato determinado. Eis aí a finalidade da criação de comissão parlamentar de inquérito.

Nos termos do art. 53, § 1°, do Regimento Interno da Câmara dos Deputados, "considera-se fato determinado o acontecimento de relevante

---

[18] "Art. 58. O Congresso Nacional e suas Casas terão comissões permanentes e temporárias, constituídas na forma e com as atribuições previstas no respectivo regimento ou no ato de que resultar sua criação.

....

§ 3° – As comissões parlamentares de inquérito, que terão poderes de investigação próprios das autoridades judiciais, além de outros previstos nos regimentos das respectivas Casas, serão criadas pela Câmara dos Deputados e pelo Senado Federal, em conjunto ou separadamente, mediante requerimento de um terço de seus membros, **para a apuração de fato determinado** e por prazo certo, sendo suas conclusões, se for o caso, encaminhadas ao Ministério Público, para que promova a responsabilidade civil ou criminal dos infratores." (grifou-se)

interesse para a vida pública e a ordem constitucional, legal, econômica e social do País, que estiver devidamente caracterizado no requerimento de constituição da Comissão".

É defesa à comissão parlamentar de inquérito a apuração de fato não constante do projeto de resolução destinado à criação dessa comissão, cuja finalidade há de ser expressa no requerimento de instauração de CPI, sob pena de não se constituir esse procedimento.

Não é demais lembrar os requisitos para instauração de comissão parlamentar de inquérito no âmbito do Congresso Nacional:

a) requerimento de um terço de seus membros;

b) apuração de fato determinado;

c) prazo certo.

Decorre do princípio da finalidade o entendimento de que é defeso à comissão parlamentar de inquérito extrapolar os limites delineados pelo objetivo a que se destina, conforme o respectivo ato de criação da comissão. Daí por que não se pode, por via transversa, obter informações de dados ou de pessoas que não se relacionem com o propósito da criação da comissão[19,20].

---

19 Nesse sentido, MS 23.639/DF (**in** DJ de 16.2.2001, p. 91), Relator Ministro Celso de Mello: "EMENTA: COMISSÃO PARLAMENTAR DE INQUÉRITO – QUEBRA DE SIGILO ADEQUADAMENTE FUNDAMENTADA – VALIDADE – EXISTÊNCIA SIMULTÂNEA DE PROCEDIMENTO PENAL EM CURSO PERANTE O PODER JUDICIÁRIO LOCAL – CIRCUNSTÂNCIA QUE NÃO IMPEDE A INSTAURAÇÃO, SOBRE FATOS CONEXOS AO EVENTO DELITUOSO, DA PERTINENTE INVESTIGAÇÃO PARLAMENTAR – MANDADO DE SEGURANÇA INDEFERIDO. A QUEBRA FUNDAMENTADA DO SIGILO INCLUI-SE NA ESFERA DE COMPETÊNCIA INVESTIGATÓRIA DAS COMISSÕES PARLAMENTARES DE INQUÉRITO. – A quebra do sigilo fiscal, bancário e telefônico de qualquer pessoa sujeita a investigação legislativa pode ser legitimamente decretada pela Comissão Parlamentar de Inquérito, desde que esse órgão estatal o faça mediante deliberação adequadamente fundamentada e na qual indique a necessidade objetiva da adoção dessa medida extraordinária. Precedente: MS 23.452-RJ, Rel. Min. CELSO DE MELLO (Pleno). PRINCÍPIO CONSTITUCIONAL DA RESERVA DE JURISDIÇÃO E QUEBRA DE SIGILO POR DETERMINAÇÃO DA CPI. – O princípio constitucional da reserva de jurisdição – que incide sobre as hipóteses de busca domiciliar (CF, art. 5º, XI), de interceptação telefônica (CF, art. 5º, XII) e de decretação da prisão, ressalvada a situação de flagrância penal (CF, art. 5º, LXI) – não se estende ao tema da quebra de sigilo, pois, em tal matéria, e por efeito de expressa autorização dada pela própria Constituição da República (CF, art. 58, § 3º), assiste competência à Comissão Parlamentar de Inquérito, para decretar, sempre em ato necessariamente motivado, a excepcional ruptura dessa esfera de privacidade das pessoas. AUTONOMIA DA INVESTIGAÇÃO PARLAMENTAR. – **O inquérito parlamentar, realizado por qualquer CPI, qualifica-se como procedimento jurídico-constitucional revestido de autonomia e dotado de finalidade própria**, circunstância esta que permite à Comissão legislativa – sempre respeitados os limites inerentes à competência material do Poder Legislativo e observados os fatos determinados que ditaram a sua constituição – promover a pertinente investigação, ainda que os atos investigatórios possam incidir, eventualmente, sobre aspectos referentes a acontecimentos sujeitos a inquéritos policiais ou a processos judiciais que guardem conexão com o evento principal objeto da apuração congressual. Doutrina." (grifou-se)

20 No mesmo sentido, MS 23882/PR (**in** DJ de 1º.2.2002, p. 85), Relator Min. Maurício Corrêa: "EMENTA: MANDADO DE SEGURANÇA. COMISSÃO PARLAMENTAR DE INQUÉRITO (CPI DO FUTEBOL). QUEBRA DE SIGILOS FISCAL E BANCÁRIO. EXIGÊNCIA DE FUNDAMENTAÇÃO

Em que pese, conforme consignado no Texto Maior, a comissão parlamentar de inquérito possuir poderes de investigação próprios das autoridades judiciais, não há olvidar a natureza político-administrativa dos atos por ela praticados.

Nesse sentido, como corolário da finalidade discriminada no ato constitutivo da CPI, tem-se a possibilidade de, se for o caso, encaminhar suas conclusões ao Ministério Público, a fim de que promova a responsabilidade civil ou criminal dos infratores junto ao Poder Judiciário, em privilégio ao Sistema de Jurisdição Única, bem como aos limites de competência da CPI.

Não é demais conceber, também, a possibilidade de a CPI encaminhar cópia de suas conclusões à Advocacia-Geral da União, ao Poder Executivo ou ao Tribunal de Contas da União, a fim de que adotem, no âmbito de suas respectivas competências, as medidas julgadas pertinentes[21], haja vista o plexo de competências de controle destes órgãos.

5.6 PRINCÍPIO DA FORMALIDADE

Não se pode perquirir a natureza administrativa, ainda que político-administrativa, tampouco os poderes de investigação próprios das autoridades judiciais, além de outros previstos nos regimentos das respectivas Casas do Congresso Nacional, conferidos à comissão parlamentar de inquérito.

Entretanto, o âmbito de atuação dessas comissões é eminentemente administrativo, em contraposição ao Sistema de Jurisdição Única contemplado na Constituição Federal.

Os atos administrativos exigem, como requisito de validade, competência, forma, finalidade, motivo e objeto.

A forma é, então, um dos requisitos de validade dos atos administrativos, para que possam integrar o mundo jurídico, devendo ser aquela prescrita ou não defesa em lei, sob pena de invalidade.

Além da forma dos atos administrativos praticados, não podem ser esquecidos os requisitos formais para criação de comissão parlamentar de

---

DO ATO IMPUGNADO. 1. Esta Corte firmou entendimento de que as Comissões Parlamentares de Inquérito são obrigadas a demonstrar a existência concreta de causa provável que legitime a quebra de sigilos bancário e fiscal. 2. **A fundamentação deve acompanhar o ato submetido à deliberação da CPI, sendo inviáveis argumentações outras expostas no curso do mandado de segurança.** 3. **Hipótese de deficiência na fundamentação da quebra de sigilo do primeiro impetrante, por apoiar-se em meras conjecturas.** 4. Quanto ao segundo impetrante, a CPI partiu de fato concreto com base em indícios de seu envolvimento com evasão de divisas e irregularidades nas transações com jogadores nominalmente identificados. Segurança concedida ao primeiro impetrante e denegada ao segundo, cassando-se, em relação a este, a liminar anteriormente deferida." (grifou-se)

[21] A Lei nº 10.001/2000 dispõe sobre a prioridade nos procedimentos a serem adotados pelo Ministério Público e por outros órgãos a respeito das conclusões das comissões parlamentares de inquérito.

inquérito, expressamente consagrados no art. 58, § 3°, da Constituição Federal: i) requerimento de um terço de seus membros; ii) apuração de fato determinado; iii) prazo certo de duração.

Esses requisitos formais são objetivos. Uma vez preenchida essa formalidade, em seus três requisitos, não há falar em discricionariedade de a respectiva Casa criar ou não a comissão parlamentar de inquérito. O direito de criação de CPI, uma vez observados esses requisitos, consiste em direito da minoria já reconhecido pelo Supremo Tribunal Federal, uma vez que, como regra geral, não há interesse dos membros integrantes do governo em instaurar essa comissão, haja vista interesse políticos subjacentes.

Deve-se mencionar que a Câmara dos Deputados, por meio de seu Regimento Interno (art. 35, § 4º[22]) veda a criação de comissão parlamentar de inquérito caso existam outras cinco em funcionamento na respectiva Casa.

Essa limitação quantitativa de comissões parlamentares de inquérito no âmbito da Câmara dos Deputados está em consonância com o disposto no art. 51, III e IV da Constituição Federal, uma vez que a ela compete dispor sobre sua organização[23]. Entretanto, o fato é que é difícil verificar a existência de seis comissões parlamentares de inquérito funcionando simultaneamente na Câmara dos Deputados.

Assim, tanto se exige a formalidade para criação de comissão parlamentar de inquérito quanto a formalidade dos atos por ela praticados, sob pena de nulidade a ser declarada pela própria comissão ou pelo Poder Judiciário.

---

[22] Art. 35. A Câmara dos Deputados, a requerimento de um terço de seus membros, instituirá Comissão Parlamentar de Inquérito para apuração de fato determinado e por prazo certo, a qual terá poderes de investigação próprios das autoridades judiciais, além de outros previstos em lei e neste Regimento.

....

§ 4º Não será criada Comissão Parlamentar de Inquérito enquanto estiverem funcionando pelo menos cinco na Câmara, salvo mediante projeto de resolução com o mesmo *quorum* de apresentação previsto no *caput* deste artigo.

[23] O Supremo Tribunal Federal já se manifestou sobre a constitucionalidade desse dispositivo, conforme **ADI 1635/DF (in** DJ de 5.3.2004, p. 13)**, Relator Ministro MAURÍCIO CORRÊA,** cuja ementa é, em seguida, transcrita: "EMENTA: AÇÃO DIRETA DE INCONSTITUCIONALIDADE. COMISSÃO PARLAMENTAR DE INQUÉRITO. INSTAURAÇÃO. REGIMENTO INTERNO DA CÂMARA DOS DEPUTADOS. RESTRIÇÃO: IMPOSSIBILIDADE DE INSTITUÍ-LA ENQUANTO ESTIVER FUNCIONANDO PELO MENOS CINCO DELAS. 1. A restrição estabelecida no § 4º do artigo 35 do Regimento Interno da Câmara dos Deputados, que limita em cinco o número de CPIs em funcionamento simultâneo, está em consonância com os incisos III e IV do artigo 51 da Constituição Federal, que conferem a essa Casa Legislativa a prerrogativa de elaborar o seu regimento interno e dispor sobre sua organização. Tais competências são um poder-dever que permite regular o exercício de suas atividades constitucionais. 2. Ação direta de inconstitucionalidade julgada improcedente."

5.7 PRINCÍPIO DA PROPORCIONALIDADE DE COMPOSIÇÃO DA CPI

A comissão parlamentar de inquérito pode ser concebida como um direito da minoria, que decorre dos requisitos para se criar essa comissão, quais sejam:

a) requerimento de um terço de seus membros;
b) apuração de fato determinado;
c) prazo certo.

Basta haver o preenchimento desses requisitos, para existir a obrigação de a respectiva Casa ou o Congresso Nacional criarem a comissão parlamentar de inquérito. Esse é um direito objetivo das minorias[24] integrantes

---

[24] Nesse sentido os seguintes julgados do Supremo Tribunal Federal, cujas ementas são descritas:
a) ADI 3619/SP – SÃO PAULO (**in** DJ de 20.4.2007, p. 78), Relator Min. EROS GRAU: EMENTA: AÇÃO DIRETA DE INCONSTITUCIONALIDADE. ARTIGOS 34, § 1°, E 170, INCISO I, DO REGIMENTO INTERNO DA ASSEMBLÉIA LEGISLATIVA DO ESTADO DE SÃO PAULO. COMISÃO PARLAMENTAR DE INQUÉRITO. CRIAÇÃO. DELIBERAÇÃO DO PLÉNARIO DA ASSEMBLÉIA LEGISLATIVA. REQUISITO QUE NÃO ENCONTRA RESPALDO NO TEXTO DA CONSTITUIÇÃO DO BRASIL. SIMETRIA. OBSERVÂNCIA COMPULSÓRIA PELOS ESTADOS-MEMBROS. VIOLAÇÃO DO ARTIGO 58, § 3°, DA CONSTITUIÇÃO DO BRASIL. 1. A Constituição do Brasil assegura a um terço dos membros da Câmara dos Deputados e a um terço dos membros do Senado Federal a criação da comissão parlamentar de inquérito, deixando porém ao próprio parlamento o seu destino. 2. A garantia assegurada a um terço dos membros da Câmara ou do Senado estende-se aos membros das assembléias legislativas estaduais – **garantia das minorias**. O modelo federal de criação e instauração das comissões parlamentares de inquérito constitui matéria a ser compulsoriamente observada pelas casas legislativas estaduais. 3. A garantia da instalação da CPI independe de deliberação plenária, seja da Câmara, do Senado ou da Assembléia Legislativa. Precedentes. 4. Não há razão para a submissão do requerimento de constituição de CPI a qualquer órgão da Assembléia Legislativa. Os requisitos indispensáveis à criação das comissões parlamentares de inquérito estão dispostos, estritamente, no artigo 58 da CB/88. 5. Pedido julgado procedente para declarar inconstitucionais o trecho "só será submetido à discussão e votação decorridas 24 horas de sua apresentação, e", constante do § 1° do artigo 34, e o inciso I do artigo 170, ambos da Consolidação do Regimento Interno da Assembléia Legislativa do Estado de São Paulo. (grifou-se);
b) **MS 24831/DF – DISTRITO FEDERAL (in** DJ de 4.8.2006, p. 26**), Relator Min. CELSO DE MELLO:** E M E N T A: COMISSÃO PARLAMENTAR DE INQUÉRITO – DIREITO DE OPOSIÇÃO – PRERROGATIVA DAS MINORIAS PARLAMENTARES – EXPRESSÃO DO POSTULADO DEMOCRÁTICO – DIREITO IMPREGNADO DE ESTATURA CONSTITUCIONAL – INSTAURAÇÃO DE INQUÉRITO PARLAMENTAR E COMPOSIÇÃO DA RESPECTIVA CPI – TEMA QUE EXTRAVASA OS LIMITES "INTERNA CORPORIS" DAS CASAS LEGISLATIVAS – VIABILIDADE DO CONTROLE JURISDICIONAL – **IMPOSSIBILIDADE DE A MAIORIA PARLAMENTAR FRUSTRAR, NO ÂMBITO DO CONGRESSO NACIONAL, O EXERCÍCIO, PELAS MINORIAS LEGISLATIVAS, DO DIREITO CONSTITUCIONAL À INVESTIGAÇÃO PARLAMENTAR** (CF, ART. 58, § 3°) – MANDADO DE SEGURANÇA CONCEDIDO. CRIAÇÃO DE COMISSÃO PARLAMENTAR DE INQUÉRITO: REQUISITOS CONSTITUCIONAIS. – O Parlamento recebeu dos cidadãos, não só o poder de representação política e a competência para legislar, mas, também, o mandato para fiscalizar os órgãos e agentes do Estado, respeitados, nesse processo de fiscalização, os limites materiais e as exigências formais

estabelecidas pela Constituição Federal. – O direito de investigar – que a Constituição da República atribuiu ao Congresso Nacional e às Casas que o compõem (art. 58, § 3º) – tem, no inquérito parlamentar, o instrumento mais expressivo de concretização desse relevantíssimo encargo constitucional, que traduz atribuição inerente à própria essência da instituição parlamentar. – A instauração do inquérito parlamentar, para viabilizar-se no âmbito das Casas legislativas, está vinculada, unicamente, à satisfação de três (03) exigências definidas, de modo taxativo, no texto da Carta Política: (1) subscrição do requerimento de constituição da CPI por, no mínimo, 1/3 dos membros da Casa legislativa, (2) indicação de fato determinado a ser objeto de apuração e (3) temporariedade da comissão parlamentar de inquérito. – Preenchidos os requisitos constitucionais (CF, art. 58, § 3º), impõe-se a criação da Comissão Parlamentar de Inquérito, que não depende, por isso mesmo, da vontade aquiescente da maioria legislativa. Atendidas tais exigências (CF, art. 58, § 3º), cumpre, ao Presidente da Casa legislativa, adotar os procedimentos subsequentes e necessários à efetiva instalação da CPI, não lhe cabendo qualquer apreciação de mérito sobre o objeto da investigação parlamentar, que se revela possível, dado o seu caráter autônomo (RTJ 177/229 – RTJ 180/191-193), ainda que já instaurados, em torno dos mesmos fatos, inquéritos policiais ou processos judiciais. O ESTATUTO CONSTITUCIONAL DAS MINORIAS PARLAMENTARES: A PARTICIPAÇÃO ATIVA, NO CONGRESSO NACIONAL, DOS GRUPOS MINORITÁRIOS, A QUEM ASSISTE O DIREITO DE FISCALIZAR O EXERCÍCIO DO PODER. – A prerrogativa institucional de investigar, deferida ao Parlamento (especialmente aos grupos minoritários que atuam no âmbito dos corpos legislativos), não pode ser comprometida pelo bloco majoritário existente no Congresso Nacional e que, por efeito de sua intencional recusa em indicar membros para determinada comissão de inquérito parlamentar (ainda que fundada em razões de estrita conveniência político-partidária), culmine por frustrar e nulificar, de modo inaceitável e arbitrário, o exercício, pelo Legislativo (e pelas minorias que o integram), do poder constitucional de fiscalização e de investigação do comportamento dos órgãos, agentes e instituições do Estado, notadamente daqueles que se estruturam na esfera orgânica do Poder Executivo. – Existe, no sistema político-jurídico brasileiro, um verdadeiro estatuto constitucional das minorias parlamentares, cujas prerrogativas – notadamente aquelas pertinentes ao direito de investigar – devem ser preservadas pelo Poder Judiciário, a quem incumbe proclamar o alto significado que assume, para o regime democrático, a essencialidade da proteção jurisdicional a ser dispensada ao direito de oposição, analisado na perspectiva da prática republicana das instituições parlamentares. – A norma inscrita no art. 58, § 3º, da Constituição da República destina-se a ensejar a participação ativa das minorias parlamentares no processo de investigação legislativa, sem que, para tanto, mostre-se necessária a concordância das agremiações que compõem a maioria parlamentar. A CONCEPÇÃO DEMOCRÁTICA DO ESTADO DE DIREITO REFLETE UMA REALIDADE DENSA DE SIGNIFICAÇÃO E PLENA DE POTENCIALIDADE CONCRETIZADORA DOS DIREITOS E DAS LIBERDADES PÚBLICAS. – O Estado de Direito, concebido e estruturado em bases democráticas, mais do que simples figura conceitual ou mera proposição doutrinária, reflete, em nosso sistema jurídico, uma realidade constitucional densa de significação e plena de potencialidade concretizadora dos direitos e das liberdades públicas. – A opção do legislador constituinte pela concepção democrática do Estado de Direito não pode esgotar-se numa simples proclamação retórica. A opção pelo Estado democrático de direito, por isso mesmo, há de ter consequências efetivas no plano de nossa organização política, na esfera das relações institucionais entre os poderes da República e no âmbito da formulação de uma teoria das liberdades públicas e do próprio regime democrático. Em uma palavra: ninguém se sobrepõe, nem mesmo os grupos majoritários, aos princípios superiores consagrados pela Constituição da República. – O direito de oposição, especialmente aquele reconhecido às minorias legislativas, para que não se transforme numa promessa constitucional inconsequente, há de ser aparelhado com instrumentos de atuação que viabilizem a sua prática efetiva e concreta. – A maioria legislativa, mediante deliberada inércia de seus líderes na indicação de membros para compor determinada Comissão Parlamentar de Inquérito, não pode frustrar o exercício, pelos grupos minoritários que atuam no Congresso Nacional, do direito público subjetivo que lhes é assegurado pelo art. 58, § 3º, da Constituição e que lhes confere a prerrogativa do Parlamento, já que, se fosse necessário o requerimento da maioria dos membros de cada Casa ou do Congresso Nacional, provavelmente não se criaria a CPI de interesse das minorias integrantes do Parlamento por falta de **quorum**. Não é demais mencionar que, como regra geral, o governo não tem interesse em se instaurar CPI.

Esse direito da minoria decorre da proporcionalidade exigida no requerimento de constituição da CPI, ou seja, de no mínimo um terço dos membros da respectiva Casa, a fim de resguardar essa garantia constitucional.

Manoel Messias Peixinho e Ricardo Guanabara, ao mencionarem essa proporcionalidade, assim se manifestam[25]:

> As comissões de inquérito, no seio do Parlamento, devem representar todos os partidos e grupos ideológicos que compõem o Parlamento. As Constituições de Portugal (artigo 181), da Itália (artigo 82), da Grécia (artigo 68) e a atual Constituição Brasileira (artigo 58, § 3º), dentre outras, exigem a proporcionalidade na composição das comissões de inquérito.

Continuam esses autores, mencionando doutrina de Canotilho[26]:

---

de ver efetivamente instaurada a investigação parlamentar em torno de fato determinado e por período certo. O CONTROLE JURISDICIONAL DOS ATOS PARLAMENTARES: POSSIBILIDADE, DESDE QUE HAJA ALEGAÇÃO DE DESRESPEITO A DIREITOS E/OU GARANTIAS DE ÍNDOLE CONSTITUCIONAL. – O Poder Judiciário, quando intervém para assegurar as franquias constitucionais e para garantir a integridade e a supremacia da Constituição, desempenha, de maneira plenamente legítima, as atribuições que lhe conferiu a própria Carta da República, ainda que essa atuação institucional se projete na esfera orgânica do Poder Legislativo. – Não obstante o caráter político dos atos parlamentares, revela-se legítima a intervenção jurisdicional, sempre que os corpos legislativos ultrapassem os limites delineados pela Constituição ou exerçam as suas atribuições institucionais com ofensa a direitos públicos subjetivos impregnados de qualificação constitucional e titularizados, ou não, por membros do Congresso Nacional. Questões políticas. Doutrina. Precedentes. – A ocorrência de desvios jurídico-constitucionais nos quais incida uma Comissão Parlamentar de Inquérito justifica, plenamente, o exercício, pelo Judiciário, da atividade de controle jurisdicional sobre eventuais abusos legislativos (RTJ 173/805-810, 806), sem que isso caracterize situação de ilegítima interferência na esfera orgânica de outro Poder da República. LEGITIMIDADE PASSIVA "AD CAUSAM" DO PRESIDENTE DO SENADO FEDERAL – AUTORIDADE DOTADA DE PODERES PARA VIABILIZAR A COMPOSIÇÃO DAS COMISSÕES PARLAMENTARES DE INQUÉRITO. – O mandado de segurança há de ser impetrado em face de órgão ou agente público investido de competência para praticar o ato cuja implementação se busca. – Incumbe, em consequência, não aos Líderes partidários, mas, sim, ao Presidente da Casa Legislativa (o Senado Federal, no caso), em sua condição de órgão dirigente da respectiva Mesa, o poder de viabilizar a composição e a organização das comissões parlamentares de inquérito. (grifou-se)

[25] PEIXINHO, Manoel Messias Peixinho; GUANABARA, Ricardo. Comissões Parlamentares de Inquérito: Princípios, Poderes e Limites. Rio de Janeiro: Editora Lumen Juris, 2ª ed., 2005, pp. 81/82.

[26] Apud PEIXINHO, Manoel Messias Peixinho; GUANABARA, Ricardo. Comissões Parlamentares de Inquérito: Princípios, Poderes e Limites. Rio de Janeiro: Editora Lumen Juris, 2ª ed., 2005, pp. 81/82.

> A composição das comissões há de reproduzir, em escala reduzida, a do Plenário da AR, devendo cada partido ter em cada comissão um número proporcional de deputados. A regra é mais que compreensível, tendo em conta, sobretudo, que as comissões podem ter poderes deliberativos, inclusive em matéria legislativa.

Assim sendo, deve haver proporcionalidade dos partidos políticos na composição das comissões parlamentares de inquérito, a fim de assegurar o direito da minoria já mencionado.

5.8 PRINCÍPIO DA COLEGIALIDADE

Nos termos do art. 47 da Constituição Federal, assim está consagrado o princípio da colegialidade:

> Art. 47. Salvo disposição constitucional em contrário, **as deliberações de cada Casa e de suas Comissões serão tomadas por maioria dos votos**, presente a maioria absoluta de seus membros. (grifou-se)

Observe-se que o **quorum** para abertura dos trabalhos é da maioria absoluta. Verificado o **quorum** mínimo para funcionamento da Comissão, as deliberações serão adotadas por meio de votação, cuja aprovação da proposição exige a maioria dos votos dos presentes na sessão.

O sentido teleológico do princípio da colegialidade[27] consiste em coibir as deliberações arbitrárias do presidente ou de um grupo minoritário da comissão, em privilégio ao Estado Democrático de Direito em que se constitui a República Federativa do Brasil, conforme expressamente consagrado no art. 1° da Constituição Federal.

Conceber decisões monocráticas de Presidente ou de grupos minoritários da CPI que restrinjam direitos de outrem viola o princípio da colegialidade,

---

27 O princípio da colegialidade foi expressamente consignado pelo Ministro Celso de Mello, quando da decisão proferida nos autos do MS 23.669, nos seguintes termos: "O princípio da colegialidade traduz diretriz de fundamental importância na regência das deliberações tomadas por qualquer comissão parlamentar de inquérito, notadamente quando esta, no desempenho de sua competência investigatória, ordena a adoção de medidas restritivas de direitos, como aquela que importa na revelação das operações financeiras ativas e passivas de qualquer pessoa. O necessário respeito ao postulado da colegialidade qualifica-se como pressuposto de validade e de legitimidade das deliberações parlamentares, especialmente quando estas – adotadas no âmbito de comissão parlamentar de inquérito – implicam ruptura, sempre excepcional, da esfera da intimidade das pessoas. A quebra do sigilo bancário, que compreende a ruptura da esfera de intimidade financeira da pessoa, quando determinada por ato de qualquer comissão parlamentar de inquérito, depende, para revestir-se de validade jurídica, da aprovação da maioria absoluta dos membros que compõem o órgão de investigação legislativa".

motivo por que esses atos devem ser fulminados pelo Poder Judiciário ou mesmo administrativamente.

5.9 PRINCÍPIO DA NÃO OBRIGAÇÃO DE PRODUÇÃO DE PROVA CONTRA SI

O conjunto probatório produzido por comissão parlamentar de inquérito há de observar o limite da legalidade da produção de provas, ou seja, não são admitidas provas produzidas por meio de coação ou qualquer outro meio ilícito.

Acerca das provas obtidas ilicitamente, Paulo Rangel assim leciona[28]:

> A prova obtida por meios ilícitos enquadra-se na categoria da prova vedada, que, se admitida e valorada pelo juiz em sua sentença, acarretará a nulidade da mesma.
>
> Por tal motivo, por exemplo, entendemos que a testemunha (isso mesmo a testemunha), em processo criminal, pode (e deve) se recusar a falar sobre aquilo que irá incriminá-la em processo criminal futuro, pois, não obstante sua condição de testemunha no processo em que presta depoimento (art. 342 do CP), isso não lhe priva dos direitos e garantias fundamentais assegurados pela Carta Magna e o direito de não produzir prova contra si mesmo (art. 8, item 2, alínea g, da Convenção Americana dos Direitos Humanos – Pacto de São José da Costa Rica) é um deles.

O princípio da não produção de provas contra si permite, por exemplo, ao acusado, ao indiciado, permanecer silente ante perguntas que possam, no presente ou no futuro, repercutir contra si mesmo.

Esse é o Entendimento do Supremo Tribunal Federal ao analisar o **Habeas Corpus** 79812/SP (**in** DJ de 16.2.2001, p. 21), de relatoria do Ministro Celso de Mello, cuja ementa é a seguir transcrita:

> E M E N T A: COMISSÃO PARLAMENTAR DE INQUÉRITO – PRIVILÉGIO CONTRA A AUTO-INCRIMINAÇÃO – DIREITO QUE ASSISTE A QUALQUER INDICIADO OU TESTEMUNHA – IMPOSSIBILIDADE DE O PODER PÚBLICO IMPOR MEDIDAS RESTRITIVAS A QUEM EXERCE, REGULARMENTE, ESSA PRERROGATIVA – PEDIDO DE HABEAS CORPUS DEFERIDO. O privilégio contra a auto-incriminação – que é plenamente invocável perante as Comissões Parlamentares de Inquérito – traduz direito público subjetivo assegurado a qualquer pessoa, que, na condição de testemunha, de indiciado ou de

[28] RANGEL, Paulo. Direito Processual Penal. Rio de Janeiro: Lumen Juris, 14ª ed., 2008, p. 415.

réu, deva prestar depoimento perante órgãos do Poder Legislativo, do Poder Executivo ou do Poder Judiciário. O exercício do direito de permanecer em silêncio não autoriza os órgãos estatais a dispensarem qualquer tratamento que implique restrição à esfera jurídica daquele que regularmente invocou essa prerrogativa fundamental. Precedentes. O direito ao silêncio – enquanto poder jurídico reconhecido a qualquer pessoa relativamente a perguntas cujas respostas possam incriminá-la (**nemo tenetur se detegere**) – impede, quando concretamente exercido, que aquele que o invocou venha, por tal específica razão, a ser preso, ou ameaçado de prisão, pelos agentes ou pelas autoridades do Estado. Ninguém pode ser tratado como culpado, qualquer que seja a natureza do ilícito penal cuja prática lhe tenha sido atribuída, sem que exista, a esse respeito, decisão judicial condenatória transitada em julgado. O princípio constitucional da não-culpabilidade, em nosso sistema jurídico, consagra uma regra de tratamento que impede o Poder Público de agir e de se comportar, em relação ao suspeito, ao indiciado, ao denunciado ou ao réu, como se estes já houvessem sido condenados definitivamente por sentença do Poder Judiciário. Precedentes.

Também por meio de julgamento de **habeas corpus** (HC 96981, in DJe 228, de 1º.12.2008), o Ministro Eros Grau, do Supremo Tribunal Federal, concedeu parcialmente liminar a servidor da Agência Brasileira de Inteligência (ABIN), a fim de garantir-lhe o direito de permanecer calado durante depoimento à Comissão Parlamentar de Inquérito das escutas telefônicas clandestinas. Nesse remédio processual, o interessado alegou haver sigilo de profissão, o que lhe impediria de relatar fatos associados aos trabalhos de inteligência que desenvolve na ABIN, bem como requereu que não fosse obrigado a firmar termo de compromisso junto à CPI.

Ao analisar o feito, o Relator entendeu que a CPI detém poder instrutório de autoridades judiciais, "e não mais que o destas". Continua o Relator: "Logo, às Comissões Parlamentares de Inquérito poder-se-ão opor os mesmos limites formais e substanciais oponíveis aos juízes, entre os quais os derivados da garantia constitucional da não-auto-incriminação, que tem sua manifestação eloquente no direito ao silêncio dos acusados".

Ao concluir, o Relator consignou que "Assiste-lhe razão, no entanto, quanto ao privilégio da não autoincriminação, aí incluída a conveniência, ou não, de revelar fatos relacionados ao exercício do cargo".

Assim, foi concedida liminar para garantir ao servidor da ABIN o direito de permanecer calado, podendo recusar-se a responder perguntas que possam incriminá-lo, relacionadas ou não ao cargo que ocupa.

Nesse sentido, nenhuma pessoa, testemunha ou investigado, tem o dever de produzir prova contra si, motivo por que o Supremo Tribunal Federal tem entendimento da possibilidade de que essa pessoa permaneça em silêncio durante os questionamentos realizados por comissão parlamentar de inquérito, sem que esse silêncio autorize o Presidente ou qualquer outro membro da comissão dar voz de prisão ao depoente. Uma vez violado ou na iminência de violação desse direito, caberá **habeas corpus** preventivo ou repressivo, com vistas a coibir essa violência.

Não há confundir o direito de não produzir prova contra si, que é tutelado pelo ordenamento jurídico pátrio com eventual prática de ato sujeito à reprimenda das casas do Poder Legislativo, em sede de investigação por meio de CPI, que, nesse caso, não se alberga por meio de **habeas corpus** preventivo.

5.10 PRINCÍPIO DA MOTIVAÇÃO

Mais uma vez buscando subsídio na teoria do ato administrativo, a motivação consiste em requisito de sua validade. Uma vez insubsistente a motivação do ato, ainda que discricionário, insubsistente será o ato.

Assim como nos atos administrativos exige-se a motivação, não é demais lembrar, também, que o Texto Constitucional[29] estabelece que as decisões proferidas pelo Poder Judiciário (as comissões parlamentares de inquérito, cujos atos praticados podem ser considerados como procedimento judicialiforme, têm poderes de investigação próprios das autoridades judiciais e ainda que não os tivessem deveriam curvar-se a esse princípio de observância na prática dos atos administrativos) hão de ser devidamente fundamentadas[30], sob pena de nulidade do **decisum**.

Ao se exigir a motivação dos atos administrativos, garante-se ao cidadão o direito ao conhecimento da fundamentação da comissão parlamentar de inquérito acerca da prática dos seus atos investigados por essa comissão. Ademais, cônscio dessa motivação, pode o "investigado" por CPI socorrer-se do Poder Judiciário para ver prestada a tutela jurisdicional em face de lesão ou ameaça a direito que tenha sofrido.

---

[29] Art. 93. Lei complementar, de iniciativa do Supremo Tribunal Federal, disporá sobre o Estatuto da Magistratura, observados os seguintes princípios:

....

IX todos os julgamentos dos órgãos do Poder Judiciário serão públicos, e **fundamentadas todas as decisões**, sob pena de nulidade, podendo a lei limitar a presença, em determinados atos, às próprias partes e a seus advogados, ou somente a estes, em casos nos quais a preservação do direito à intimidade do interessado no sigilo não prejudique o interesse público à informação. (grifou-se)

[30] Essa exigência no âmbito administrativo, onde se inclui a CPI, é a mesma daquela a ser observada pelo Juiz, em sua tutela jurisdicional, conforme prescrito no art. 489, II, do Código de Processo Civil, o qual estabelece como requisitos essenciais da sentença "os fundamentos, em que o juiz analisará as questões de fato e de direito."

A inexistência de motivação dos atos praticados por CPI não subsiste ante demanda junto ao Supremo Tribunal Federal[31].

A motivação consiste, pois, em pressuposto de validade jurídica dos atos praticados por comissão parlamentar de inquérito, sob pena de nulidade a ser declarada pela própria comissão ou pelo Poder judiciário.

5.11 PRINCÍPIO DA PUBLICIDADE

O princípio da publicidade está contemplado em diversas normas brasileiras, como, por exemplo, no art. 3° da Lei 8.666/1993, o qual, além de estabelecer o objetivo da licitação, prescreve que esse procedimento há de observar o princípio da publicidade, além dos demais que menciona.

Diversos são os dispositivos legais que contemplam o princípio da publicidade, seja como meio de publicização dos atos praticados pela Administração, seja como instrumento de eficácia para o aperfeiçoamento do ato que avizinha. Entretanto, ganha destaque a norma fundamental mencionada por Kelsen[32], cuja característica consiste em ser aquela que não possui

---

[31] Nesse entendimento cristalizado pelo Supremo Tribunal Federal, são colacionadas as seguintes ementas:
a) MS 24029-DF (**in** DJ de 22.3.2002, p. 32), Relator Ministro Maurício Corrêa: "EMENTA: MANDADO DE SEGURANÇA. COMISSÃO PARLAMENTAR MISTA DE INQUÉRITO. QUEBRA DE SIGILO BANCÁRIO, FISCAL E TELEFÔNICO. FALTA DE FUNDAMENTAÇÃO. NULIDADE DO ATO IMPUGNADO. PRECEDENTES. 1. **Se não fundamentado, nulo é o ato da Comissão Parlamentar de Inquérito** que determina a quebra dos sigilos bancário, fiscal e telefônico. 2. Meras ilações e conjecturas, destituídas de qualquer evidencia material, não têm o condão de justificar a ruptura das garantias constitucionais preconizadas no artigo 5°, X e XII, da Constituição Federal. Segurança concedida." (grifou-se);
b) Mandado de Segurança 23879/DF (**in** DJ de 16.11.2001, p. 8), Relator Ministro MAURÍCIO CORRÊA: "EMENTA: MANDADO DE SEGURANÇA. COMISSÃO PARLAMENTAR DE INQUÉRITO. QUEBRA DE SIGILO BANCÁRIO E FISCAL. FALTA DE FUNDAMENTAÇÃO. LEGITIMIDADE ATIVA AD CAUSAM DA ABAF. DESNECESSIDADE DE PROCURAÇÃO DOS ASSOCIADOS SE HÁ AUTORIZAÇÃO EXPRESSA PARA REPRESENTÁ-LOS. PRECEDENTES. 1. As entidades associativas, quando expressamente autorizadas, têm legitimidade para representar judicial ou extrajudicialmente seus associados, sem necessidade de instrumento de mandato (CF, artigo 5°, XXI). 2. **Os poderes de investigação próprios das autoridades judiciárias de que as CPIs são constitucionalmente investidas (CF, artigo 58, § 3°) não são absolutos. Imprescindível a fundamentação dos atos que ordenam a quebra dos sigilos bancários, fiscais e telefônicos, visto que, assim como os atos judiciais são nulos se não fundamentados, assim também os das comissões parlamentares de inquérito**. Precedentes. 3. A legitimidade da medida excepcional deve apoiar-se em fato concreto e causa provável, e não em meras conjecturas e generalidades insuficientes para ensejar a ruptura da intimidade das pessoas (CF, artigo 5°, X). Segurança concedida." (grifou-se);

[32] Segundo Kelsen, "A relação entre a norma que regula a produção de uma outra e a norma assim regularmente produzida pode ser figurada pela imagem espacial da supra-infra-ordenação. A norma que regula a produção é a norma superior, a norma produzida segundo as determinações daquela é a

fundamento em nenhum outro diploma e que serve de fundamento para todas as demais normas do ordenamento, sendo que contra ela nenhuma outra norma do sistema pode insurgir-se.

Nessa norma fundamental sob a definição de Kelsen, o **caput** do art. 37, além de mencionar os princípios da legalidade, impessoalidade, moralidade e eficiência, consagra expressamente o princípio da publicidade.

Ao definir o princípio da publicidade, Hely Lopes Meirelles[33] assim se manifesta:

> Publicidade é a divulgação oficial do ato para conhecimento público e início de seus efeitos externos. Daí por que as leis, atos e contratos administrativos que produzem consequências jurídicas fora dos órgãos que os emitem exigem publicidade para adquirirem validade universal, isto é, perante as partes e terceiros.

Os multicitados professores Gilmar Mendes, Inocêncio Coelho e Paulo Gonet[34], sobre o princípio da publicidade, lecionam que:

> No plano jurídico-formal, o princípio da publicidade aponta para a necessidade de que todos os atos administrativos estejam expostos ao público, que se pratiquem à luz do dia, até porque os agentes estatais não atuam para a satisfação de interesses pessoais, nem sequer da própria Administração, que, sabidamente, é apenas um conjunto de pessoas, órgãos, entidades e funções, uma estrutura, enfim, a serviço do interesse público, que, este sim, está acima de quaisquer pessoas. Prepostos da sociedade, que os mantém e legitima no exercício das suas funções, devem os agentes públicos estar permanentemente abertos à inspeção social, o que só se materializa com a publicação/publicidade dos seus atos.

O professor Diogenes Gasparini[35], ao lecionar sobre princípios, assim define o da publicidade:

---

norma inferior. A ordem jurídica não é um sistema de normas jurídicas ordenadas no mesmo plano, situadas umas ao lado das outras, mas é uma construção escalonada de diferentes camadas ou níveis de normas jurídicas. A sua unidade é produto da conexão de dependência de que resulta do fato de a validade de uma norma, que foi produzida de acordo com outra norma, se apoiar sobre essa outra norma, cuja produção, por sua vez, é determinada por outra; e assim por diante, até abicar finalmente na norma fundamental – pressuposta. A norma fundamental – hipotética, nestes termos – é, portanto, o fundamento de validade último que constitui a unidade desta interconexão criadora". (**in** Teoria Pura do Direito. Hans Kelsen. Tradução de João Baptista Machado. Martins Fontes: São Paulo, 6ª edição, 1998, pp. 246/247.)

33 MEIRELLES, Hely Lopes. Direito Administrativo Brasileiro. Malheiros Editores: São Paulo, 34ª edição, 2008, p. 95.

34 MENDES, Gilmar Ferreira; COELHO, Inocêncio Mártires; BRANCO, Paulo Gustavo Gonet. Curso de Direito Constitucional. Saraiva: São Paulo, 2007, p. 788.

35 GASPARINI, Diogenes. Direito Administrativo. Saraiva: São Paulo, 10ª edição, 2005, pp. 11/14.

> Esse princípio torna obrigatória a divulgação de atos, contratos e outros instrumentos celebrados pela Administração Pública direta e indireta, para conhecimento, controle e início de seus efeitos. (...) A essa regra escapam os atos e atividades relacionados com a segurança nacional (art. 5º, XXXIII, da CF), os ligados a certas investigações, a exemplo dos processos disciplinares, de determinados inquéritos policiais (art. 20 do CPP) e dos pedidos de retificação de dados (art. 5º, LXXII, b, da CF), desde que prévia e justificadamente sejam assim declarados pela autoridade competente.

Como se verifica, observa-se uma tendência a definir o princípio da publicidade como um instrumento de publicização dos atos praticados pela Administração, com as ressalvas daqueles protegidos pelo sigilo, como mencionado pelo professor Diogenes Gasparini.

É verdade. Os atos praticados pela Administração hão de ser publicados, para que todos quantos queiram possam deles tomar ciência. A gestão da coisa pública não pode ser tida sob um véu da não-publicidade, penumbra ou qualquer outro interesse escuso que impeça o cidadão ou os órgãos de controle de terem conhecimento ou acesso a eles, pois a prática administrativa é impessoal e deve visar sempre à satisfação do interesse público. Os atos administrativos não podem ter receio das luzes acesas em sua direção, sob pena de lhe perquirir sua conformidade com o Direito.

Kant[36], em um contexto que também pode ser aqui avocado, menciona a publicidade como requisito para as ações de direito entre os homens (ao que denominou "fórmula transcendental do direito público"), a fim de se alcançar a paz perpétua. Tem-se, pois, no princípio da publicidade não um axioma, mas um princípio jurídico a ser observado na relação entre as pessoas, entre as pessoas e a Administração Pública ou entre órgãos da própria Administração. A inobservância do princípio da publicidade pode implicar

---

36 Kant estabelece o seguinte princípio para se alcançar a paz perpétua: "Todas as ações relativas ao direito de outros homens cuja máxima não se conciliar com a publicidade são injustas". Continua Kant: "Este princípio não deve ser considerado simplesmente como ético (pertencente à doutrina da virtude), mas também como *jurídico* (concernente ao direito dos homens). Pois uma máxima que não posso deixar tornar-se pública sem ao mesmo tempo frustrar minha própria intenção – que deve permanecer *secreta* se deve ter êxito e para a qual não posso me *declarar publicamente* sem que por isso seja levantada indefectivelmente a resistência de todos contra o meu propósito – não pode vir esta contraposição necessária e universal, por conseguinte *a priori* inteligível, de todos contra mim de nenhum outro lugar a não ser da injustiça com que ela ameaça a todos. – Ele é, além disso, simplesmente *negativo*, isto é, serve somente para, através dele, reconhecer o que *não é justo* contra outrem. – Ele é como um axioma indemonstravelmente certo e, além disso, fácil de aplicar (...)" (**in** KANT, Immanuel. À paz perpétua. Tradução de Marco Zingano. Porto Alegre: L&PM Editores, 2008, p. 76/77.)

vício na formação do ato administrativo, cuja exigibilidade poderá ser perquirida tanto administrativa quanto judicialmente.

O princípio da publicidade não deve ser considerado tão-somente como um valor ético, mas sim como um mandamento jurídico, uma vez expressamente tutelado pelo ordenamento jurídico pátrio e uma vez que não se sujeita a critérios subjetivos para ser aplicado ou não, devendo ser observado sempre, salvo nos exatos e precisos casos em que deve ser mitigado em razão da preservação de outros valores.

Considerando a estatura constitucional do principio da publicidade, violá-lo significa transgredir um princípio, cuja função integralizadora do sistema em que se insere consistiria em uma grave infração.

Não é demais lembrar que a Lei de Improbidade Administrativa (Lei 8429/1993, art. 11, IV[37]) considera improbidade administrativa ato que atente contra os princípios da Administração Pública. A rigor, violar princípio, qualquer que seja, inclusive o da publicidade, constitui ato de improbidade administrativa, sujeitando o infrator às sanções discriminadas nessa norma.

Entretanto, ter o princípio da publicidade como um mero instrumento de publicização dos atos praticados pela Administração implicaria uma mitigação sem precedente desse sublime princípio.

É imaginar a seguinte situação hipotética: João e Maria resolveram contrair matrimônio. Ora, é necessário que o cartório competente receba os documentos dos nubentes e publique os proclamas em jornal de grande circulação, a fim de dar publicidade a todos que João e Maria pretendem casar-se.

A publicação dos proclamas é condição de eficácia do casamento que se aproxima. Sofreria **capitis diminutio** o princípio da publicidade imaginá-lo

[37] Art. 11 – Constitui ato de improbidade administrativa que atenta contra os princípios da administração pública qualquer ação ou omissão que viole os deveres de honestidade, imparcialidade, legalidade, e lealdade às instituições, e notadamente:
I – praticar ato visando fim proibido em lei ou regulamento ou diverso daquele previsto, na regra de competência;
II – retardar ou deixar de praticar, indevidamente, ato de ofício;
III – revelar fato ou circunstância de que tem ciência em razão das atribuições e que deva permanecer em segredo;
IV – negar publicidade aos atos oficiais;
V – frustrar a licitude de concurso público;
VI – deixar de prestar contas quando esteja obrigado a fazê-lo;
VII – revelar ou permitir que chegue ao conhecimento de terceiro, antes da respectiva divulgação oficial, teor de medida política ou econômica capaz de afetar o preço de mercadoria, bem ou serviço;
VIII – descumprir as normas relativas à celebração, fiscalização e aprovação de contas de parcerias firmadas pela administração pública com entidades privadas;
IX – deixar de cumprir a exigência de requisitos de acessibilidade previstos na legislação.

como um instrumento de mera publicização da pretensão de casamento dos nubentes sem possibilidade de impugnação, ou seja, sem possibilidade de controle.

Poderia ser entendida essa publicação dos proclamas como um instrumento para que aquele que tenha conhecimento de algum impedimento de um dos nubentes possa "impugnar" o casamento que se aproxima.

Mutatis mutandis, esse deve ser o entendimento acerca do princípio da publicidade no âmbito das comissões parlamentares de inquérito, pois imaginá-lo como simples veículo de externalização dos seus atos praticados implicaria a redução, senão a inexistência, de sua essência.

É nesse sentido que o princípio da publicidade deve ser concebido, ou seja, destina-se a publicizar, dar ciência dos atos praticados pela CPI, a fim de permitir seu controle. É nesse controle que reside a essência, o fundamento, a razão de existir do princípio da publicidade, ou seja, para permitir o controle dos atos da Administração.

Ad argumentandum tantum, concebê-lo como mera publicização dos atos implicaria entender que a pessoa ou o órgão competente não teriam direito de insurgir-se contra ato praticado com violação à norma legal, pois já se teria atingido o requisito do princípio da publicidade, ou seja, de dar ciência dos atos praticados pela Administração, o que é falso.

É a partir da publicação dos atos da Administração, inclusive da publicidade dos atos praticados por comissão parlamentar de inquérito, que as pessoas legitimadas podem exercer sobre eles o devido controle.

Mencione-se, nesse sentido, a competência do Ministério Público, dos órgãos de controle interno e externo e da própria pessoa física, que, ao terem conhecimento de ato eivado de ilegalidade, podem valer-se dos remédios processuais adequados para extirpá-lo do mundo jurídico e reparar o dano eventualmente causado aos cofres públicos.

Assim sendo, os princípios, explícitos ou implícitos, como espécies de normas, hão de ser observados pela comissão parlamentar de inquérito no desenvolvimento de seus trabalhos, sob pena de haver violação à norma legal, hipótese em que se verifica a competência do Poder Judiciário para apreciar lesão ou ameaça a direito.

VI
ASSUNTOS CONTROVERTIDOS NA CPI

O tema Comissão Parlamentar de Inquérito possui controvertidos pontos, ante a natureza fiscalizatória desse instituto constitucional e uma possível interpretação de violação à independência ou tripartição de poderes consagrada no Texto Constitucional.

Como já mencionado, a tripartição de poderes busca dividir entre os Três Poderes o exercício das funções do Estado.

Questiona-se sobre a competência de o Supremo Tribunal Federal adentrar questões **interna corporis**[1] da CPI na prestação da tutela jurisdicional, ou seja, se eventual intervenção do STF não implicaria violação ao princípio da tripartição de poderes consagrada em Montesquieu e adotado pela República Federativa do Brasil.

Ainda sobre competência, impõe-se colacionar ensinamento dos Professores Gilmar Ferreira Mendes, Inocêncio Mártires Coelho e Paulo Gustavo Gonet Branco[2], nos seguintes termos:

> A comissão está vinculada à Casa Legislativa em que surge, e os seus atos são imputáveis a essa mesma Casa.
>
> Isso traz consequências relevantes, do ponto de vista da competência jurisdicional para apreciar os seus atos. Uma CPI no âmbito do Congresso Nacional sujeita-se ao controle judicial, por meio de **habeas corpus** ou de mandado de segurança, diretamente no Supremo Tribunal Federal. Diz-se que 'a Comissão Parlamentar de Inquérito, enquanto projeção orgânica do Poder Legislativo da União, nada mais é senão a *longa manus* do próprio Congresso Nacional ou das Casas que o compõem, sujeitando-se, em consequência, em tema de mandado de segurança ou de *habeas corpus*, ao controle jurisdicional originário do Supremo

---

1 O tema relativo a atos **interna corporis** da CPI foi abordado no Capítulo IV.

2 MENDES, Gilmar Ferreira; COELHO, Inocêncio Mártires; BRANCO, Paulo Gustavo Gonet. Direito Constitucional. São Paulo: Saraiva, 2007, p. 813.

> Tribunal Federal (CF, art. 102, I, d e i)'. Esse entendimento confere amplitude mais dilargada ao art. 102, I, d, da Constituição, que prevê competência originária do STF para apreciar mandado de segurança contra ato da Mesa da Câmara ou do Senado – e não contra ato de comissões dessas Casas.

Assim, pode-se verificar, por meio da mutação constitucional, com amplitude "mais dilargada" do art. 102, I, d, da Constituição Federal, a competência do STF para exercer o controle jurisdicional sobre os atos praticados pela CPI, de acordo com o princípio da inafastabilidade do Judiciário, em face de lesão ou ameaça a direito (art. 5°, XXXV, CF).

Sobre o tema de mutação constitucional, deve ser colacionada lapidar manifestação dos Professores Gilmar Mendes, Inocêncio Mártires Coelho e Paulo Gustavo Gonet Branco[3]:

> Assentadas essas premissas, as mutações constitucionais nada mais são que as alterações semânticas dos preceitos da Constituição, em decorrência de modificações no prisma histórico-social ou fático-axiológico em que se concretiza a sua aplicação. (...)
>
> Vistas a essa luz, portanto, as mutações constitucionais são decorrentes – nisto residiria a sua especificidade – da conjugação de peculiaridades da linguagem constitucional, polissêmica e indeterminada, com os fatores externos, de ordem econômica, social e cultural, que a Constituição – pluralista por antonomásia –,intenta regular e que, dialeticamente, interagem com ela, produzindo leituras sempre renovadas das mensagens enviadas pelo constituinte.

Não há confundir, então, assunto **interna corporis** com violação a direito fundamental em sede de CPI, que pode ser tutelado em face do órgão competente por meio dos institutos processuais adequados, como mandado de segurança e **habeas corpus**.

Nesse sentido, passa-se a alguns temas controvertidos no âmbito da CPI, analisados pelo STF, sempre com enfoque na preservação dos direitos e garantias fundamentais.

6.1 QUEBRA DE SIGILO BANCÁRIO, FISCAL, TELEFÔNICO

A Constituição Federal estabelece os poderes de investigação conferidos às comissões parlamentares de inquérito, conforme se extrai do art. 58, § 3°, nos seguintes termos:

---

3 MENDES, Gilmar Ferreira; COELHO, Inocêncio Mártires; BRANCO, Paulo Gustavo Gonet. Curso de Direito Constitucional. São Paulo: Saraiva: 2007, p. 123.

> As comissões parlamentares de inquérito, que **terão poderes de investigação próprios das autoridades judiciais**, além de outros previstos nos regimentos das respectivas Casas, serão criadas pela Câmara dos Deputados e pelo Senado Federal, em conjunto ou separadamente, mediante requerimento de um terço de seus membros, para a apuração de fato determinado e por prazo certo, sendo suas conclusões, se for o caso, encaminhadas ao Ministério Público, para que promova a responsabilidade civil ou criminal dos infratores. (grifou-se)

Também o Texto Constitucional disciplina a garantia à inviolabilidade do sigilo da correspondência e das comunicações telegráficas, de dados e das comunicações telefônicas, nos termos do art. 5º, XII, **in verbis**:

> É inviolável o sigilo da correspondência e das comunicações telegráficas, de dados e das **comunicações telefônicas, salvo, no último caso, por ordem judicial**, nas hipóteses e na forma que a lei estabelecer para fins de investigação criminal ou instrução processual penal. (grifou-se)

O sigilo bancário, fiscal e telefônico consiste em direito, garantia individual, protegido, inclusive, de mitigação ou alteração tendente a abolir esse direito, conforme discriminado no art. 60, § 4º, IV, da Constituição Federal, doutrinariamente denominado cláusula pétrea.

Acima da tutela individual dessa garantia, há de se verificar o interesse público que envolve a obtenção dessas informações pretendidas pela comissão parlamentar de inquérito. É nesse sentido que a quebra do sigilo de dados bancários, fiscais e telefônicos deve ser precedida de fundamentação consistente e de pertinência com os assuntos apurados, sob pena de haver intervenção do Poder Judiciário para garantir eventual violação de direito.

Significa dizer que há de haver fundamentadas razões para se violar essa garantia individual petrificada pelo Poder Constituinte Originário, sob pena de se ver o ato extirpado do mundo jurídico pelo órgão jurisdicional competente ou pela própria CPI.

A CPI possui poderes de investigação próprios das autoridades judiciais, mas isso não implica dizer que esses poderes tenham o condão de mitigar o princípio da reserva jurisdicional (ou princípio da reserva de jursidição), pois as matérias de deliberação de competência exclusiva do Poder Judiciário não podem ser decididas por comissão parlamentar de inquérito, tudo em consonância com o Sistema de Jurisdição Única adotado pelo Brasil (art. 5º, XXXV, CF).

Poder-se-ia indagar se eventual intervenção do Judiciário em quebra desses sigilos por CPI ofenderia o princípio da separação dos poderes.

O Supremo Tribunal Federal deliberou que não (MS 25668/DF, **in** DJ de 4.8.2006, p. 27).

A entender como violação ao princípio da separação de poderes consagrada em Montesquieu eventual intervenção do Judiciário em decisão de CPI, ter-se-ia extirpado da Constituição Federal o princípio da inafastabilidade do Poder Judiciário ante lesão ou ameaça de direito. É dizer: não haveria remédio processual adequado para desconstituir abuso ou violação a direito por parte da CPI, o que tenderia à arbitrariedade nos atos praticados pela CPI.

Para melhor compreensão do entendimento do STF sobre o o assunto, deve-se colacionar a ementa do mencionado Mandado de Segurança, nos seguintes termos:

> E M E N T A: COMISSÃO PARLAMENTAR DE INQUÉRITO – QUEBRA DE SIGILO BANCÁRIO, FISCAL E TELEFÔNICO – AUSÊNCIA DE INDICAÇÃO DE FATOS CONCRETOS – FUNDAMENTAÇÃO GENÉRICA – INADMISSIBILIDADE – CONTROLE JURISDICIONAL – POSSIBILIDADE – CONSEQUENTE INVALIDAÇÃO DO ATO DE "DISCLOSURE" – INOCORRÊNCIA, EM TAL HIPÓTESE, DE TRANSGRESSÃO AO POSTULADO DA SEPARAÇÃO DE PODERES – MANDADO DE SEGURANÇA DEFERIDO. **A QUEBRA DE SIGILO – QUE SE APÓIA EM FUNDAMENTOS GENÉRICOS E QUE NÃO INDICA FATOS CONCRETOS E PRECISOS REFERENTES À PESSOA SOB INVESTIGAÇÃO – CONSTITUI ATO EIVADO DE NULIDADE.** A quebra do sigilo inerente aos registros bancários, fiscais e telefônicos, por traduzir medida de caráter excepcional, revela-se incompatível com o ordenamento constitucional, quando fundada em deliberações emanadas de CPI cujo suporte decisório apóia-se em formulações genéricas, destituídas da necessária e específica indicação de causa provável, que se qualifica como pressuposto legitimador da ruptura, por parte do Estado, da esfera de intimidade a todos garantida pela Constituição da República. Precedentes. Doutrina. **O CONTROLE JURISDICIONAL DE ABUSOS PRATICADOS POR COMISSÃO PARLAMENTAR DE INQUÉRITO NÃO OFENDE O PRINCÍPIO DA SEPARAÇÃO DE PODERES.** O Supremo Tribunal Federal, quando intervém para assegurar as franquias constitucionais e para garantir a integridade e a supremacia da Constituição, neutralizando, desse modo, abusos cometidos por Comissão Parlamentar de Inquérito, desempenha, de maneira plenamente legítima, as atribuições que lhe conferiu a própria Carta da República. O regular exercício da função jurisdicional, nesse contexto, porque vocacionado a fazer prevalecer a autoridade da Constituição, não transgride o princípio da separação de poderes. Doutrina. Precedentes. Decisão. O Tribunal, por unanimidade, deferiu o mandado de segurança, nos termos do voto do Relator. Votou o Presidente, Ministro Nelson Jobim. Plenário, 23.03.2006. (grifou-se)

Observe-se que o processo-paradigma busca na existência de "fundamentos genéricos e que não indica fatos concretos e precisos referentes à pessoa sob investigação" o parâmetro para a impossibilidade de a CPI quebrar esse direito ou garantia individual em face de princípios outros igualmente constitucionais, sem a necessidade de se falar em inconstitucionalidade da norma, mas sim em emprego de um princípio em detrimento de outro, ambos de mesma estatura, ou seja, constitucional.

No que tange a dados relativos às informações financeiras, ainda que sigilosas, das pessoas sob investigação de CPI, há expressa previsão legal (Lei Complementar nº 105/2001) para que o Banco Central do Brasil e a Comissão de Valores Mobiliários, na esfera de suas competências, bem como as instituições financeiras, forneçam dados solicitados por essa comissão.

Essas informações podem ser fornecidas ao Poder Legislativo, incluindo as comissões parlamentares de inquérito, mas têm como requisito imprescindível a aprovação pelo plenário da Câmara dos Deputados, do Senado Federal ou da respectiva comissão parlamentar de inquérito. Tem-se, portanto, matéria com reserva de plenário.

Em havendo necessidade, então, as comissões parlamentares de inquérito poderão obter diretamente, ou por intermédio do Banco Central do Brasil ou da Comissão de Valores Mobiliários, e das instituições financeiras, informações e documentos, sigilosos ou não, de que necessitarem para desenvolvimento de suas atividades fiscalizadoras.

Em relação às comunicações telefônicas, é importante distinguir a diferença entre "violação de dados telefônicos" e "violação das comunicações telefônicas".

A primeira diz respeito à quebra de sigilo dos dados telefônicos, tais como ligaçoes feitas e recebidas, duração das ligações, contas telefônicas. Esses dados telefônicos, desde que fundamentada a solicitação e observada a relação entre os dados requeridos e as pessoas investigadas, podem ser solicitados diretamente pela comissão parlamentar de inquérito à companhia telefônica, não havendo necessidade de decretação por parte do Juiz. Não prepondera, portanto, nessa hipótese, o princípio da reserva jurisdicional.

A segunda, violação das comunicações telefônicas[4], diz respeito à escuta das conversas telefônicas[5]. Essa violação ao direito fundamental à intimidade,

---

4 Esse ponto será tratado mais detidamente no item 6.4 adiante.

5 Acerca da quebra do sigilo da comunicação telefônica, o STF entendeu ser possível no âmbito de competência de CPI, observada a reserva jurisdicional, conforme HC 83515 (**in** DJ de 4.3.2005, p. 11), Relator Ministro Nelson Jobim, cuja ementa é a seguir transcrita: "**HABEAS CORPUS.**

à vida privada, protegido pelo art. 5º, XII, da Constituição (erigido como cláusula pétrea), possui reserva jurisdicional, uma vez que tão-somente pode ser deferida por meio do Magistrado.

É nesse sentido que os poderes de investigação próprios das autoridades judiciais conferidos a comissões parlamentares de inquérito não abarcam as deliberações com reserva de jurisdição, como o caso da quebra do sigilo das comunicações (escuta telefônica), reservadas exclusivamente ao Poder Judiciário.

Em outras palavras, havendo fundamentação precisa e plausível para a quebra desse direito constitucional, não há falar em ofensa à Constituição Federal o acesso a dados bancários, fiscais e teletônicos, ante os poderes de investigação próprios das autoridades judiciais conferidos à CPI, exceto os temas com reserva de jurisdição, cuja autorização do magistrado é imprescindível.

6.2 DIREITO DE AS MINORIAS INSTAURAREM CPI

O direito das minorias está intimamente relacionado ao estudo das Comissões Parlamentares de Inquérito, conforme se verá.

INTERCEPTAÇÃO TELEFÔNICA. PRAZO DE VALIDADE. ALEGAÇÃO DE EXISTÊNCIA DE OUTRO MEIO DE INVESTIGAÇÃO. FALTA DE TRANSCRIÇÃO DE CONVERSAS INTERCEPTADAS NOS RELATÓRIOS APRESENTADOS AO JUIZ. AUSÊNCIA DE CIÊNCIA DO MINISTÉRIO PÚBLICO ACERCA DOS PEDIDOS DE PRORROGAÇÃO. APURAÇÃO DE CRIME PUNIDO COM PENA DE DETENÇÃO. 1. É possível a prorrogação do prazo de autorização para a interceptação telefônica, mesmo que sucessivas, especialmente quando o fato é complexo a exigir investigação diferenciada e contínua. Não configuração de desrespeito ao art. 5º, caput, da L. 9.296/96. 2. A interceptação telefônica foi decretada após longa e minuciosa apuração dos fatos por CPI estadual, na qual houve coleta de documentos, oitiva de testemunhas e audiências, além do procedimento investigatório normal da polícia. Ademais, a interceptação telefônica é perfeitamente viável sempre que somente por meio dela se puder investigar determinados fatos ou circunstâncias que envolverem os denunciados. 3. Para fundamentar o pedido de interceptação, a lei apenas exige relatório circunstanciado da polícia com a explicação das conversas e da necessidade da continuação das investigações. Não é exigida a transcrição total dessas conversas o que, em alguns casos, poderia prejudicar a celeridade da investigação e a obtenção das provas necessárias (art. 6º, § 2º, da L. 9.296/96). 4. Na linha do art. 6º, caput, da L. 9.296/96, a obrigação de cientificar o Ministério Público das diligências efetuadas é prioritariamente da polícia. O argumento da falta de ciência do MP é superado pelo fato de que a denúncia não sugere surpresa, novidade ou desconhecimento do procurador, mas sim envolvimento próximo com as investigações e conhecimento pleno das providências tomadas. 5. Uma vez realizada a interceptação telefônica de forma fundamentada, legal e legítima, as informações e provas coletas dessa diligência podem subsidiar denúncia com base em crimes puníveis com pena de detenção, desde que conexos aos primeiros tipos penais que justificaram a interceptação. Do contrário, a interpretação do art. 2º, III, da L. 9.296/96 levaria ao absurdo de concluir pela impossibilidade de interceptação para investigar crimes apenados com reclusão quando forem estes conexos com crimes punidos com detenção. **Habeas corpus** indeferido."

Nos termos do art. 58, § 3º, da Constituição Federal, a criação de CPI por parte da Câmara dos Deputados, Senado Federal ou Congresso Nacional depende de (i) requerimento de um terço dos Deputados ou Senadores, a fim de (ii) apurar fato determinado e por (iii) prazo certo.

A pergunta que emerge desse dispositivo consiste em indagar se, obtido o número mínimo de assinaturas, estaria a Casa do Congresso Nacional vinculada ou não à instauração da CPI por se tratar de assunto **interna corporis**.

Esse assunto foi enfrentado pelo Supremo Tribunal Federal por meio do MS 24831/DF[6] (**in** DJ de 4.8.2006, p. 26), de relatoria do Ministro Celso de Mello, nos seguintes termos:[7]:

> E M E N T A: COMISSÃO PARLAMENTAR DE INQUÉRITO – DIREITO DE OPOSIÇÃO – PRERROGATIVA DAS MINORIAS PARLAMENTARES – EXPRESSÃO DO POSTULADO DEMOCRÁTICO – DIREITO IMPREGNADO DE ESTATURA CONSTITUCIONAL – INSTAURAÇÃO DE INQUÉRITO PARLAMENTAR E COMPOSIÇÃO DA RESPECTIVA CPI – TEMA QUE EXTRAVASA OS LIMITES "INTERNA CORPORIS" DAS CASAS LEGISLATIVAS – VIABILIDADE DO CONTROLE JURISDICIONAL – IMPOSSIBILIDADE DE A MAIORIA PARLAMENTAR FRUSTRAR, NO ÂMBITO DO CONGRESSO NACIONAL, O EXERCÍCIO, PELAS MINORIAS LEGISLATIVAS, DO DIREITO CONSTITUCIONAL À INVESTIGAÇÃO PARLAMENTAR (CF, ART. 58, § 3º) – MANDADO DE SEGURANÇA CONCEDIDO. CRIAÇÃO DE COMISSÃO PARLAMENTAR DE INQUÉRITO: REQUISITOS CONSTITUCIONAIS.

Ao enfrentar esse tema, o Supremo Tribunal Federal entendeu que, preenchidos os requisitos para criação da CPI, não há falar em direito de as maiorias impedirem a criação desse instrumento de fiscalização conferido ao Poder Legislativo, ainda que fundado em conveniência político-partidária, sob pena de a concepção de estado democrático de direito restar comprometida, nos termos do seguinte excerto:

> Preenchidos os requisitos constitucionais (CF, art. 58, § 3º), impõe-se a criação da Comissão Parlamentar de Inquérito, que não depende, por isso mesmo, da vontade aquiescente da maioria legislativa. Atendidas tais exigências (CF, art. 58, § 3º), cumpre, ao Presidente da Casa legislativa, adotar os procedimentos subsequentes e necessários à efetiva instalação da CPI, não lhe cabendo qualquer apreciação de mérito sobre o objeto

---

6 No mesmo sentido, foram proferidos acórdãos nos mandados de segurança 24845, 24846, 24847, 24848, todos processados perante o STF.

7 Apresentamos nossas escusas pela transcrição de toda a ementa, em virtude de sua integralidade ser academicamente necessária à abordagem do tópico em estudo.

> da investigação parlamentar, que se revela possível, dado o seu caráter autônomo (RTJ 177/229 – RTJ 180/191-193), ainda que já instaurados, em torno dos mesmos fatos, inquéritos policiais ou processos judiciais.

A decisão desse *writ* poderia induzir ao entendimento de que o Judiciário estaria adentrando assunto **interna corporis** do Congresso Nacional. Entretanto, essa não aparenta ser a melhor exegese do **decisum**.

A prática de assuntos internos às respectivas Casas do Congresso Nacional, observados os ritos próprios, a legalidade e os direitos e garantias individuais em especial o devido processo legal, o contraditório e a ampla defesa, ainda que adentre direitos de terceiros, em princípio, não são suscetíveis à intervenção do Poder Judiciário, pois revela o **modus operandi** necessário ao movimento da máquina administrativa do Parlamento, sob pena de restar verificada a atuação administrativa do Poder Judiciário em substituição ao Administrador daquelas Casas.

Entretanto, surge da decisão proferida nesse Mandado de Segurança a seguinte dicotomia: assunto **interna corporis** *versus* direito da minoria.

Vige na construção jurisprudencial e doutrinária pátria o entendimento de que ao Poder Judiciário não compete analisar assuntos **interna corporis** dos demais Poderes da República, desde que a sua prática não viole direitos e garantias fundamentais de terceiros.

O direito das minorias está expressamente consagrado na Constituição Federal quando, em seu art. 58, § 3°, estabelece como requisito objetivo para criação de CPI três pressupostos básicos: i) requerimento formulado por um terço dos membros das respectivas Casas, ii) indicação do fato determinado a ser apurado; iii) prazo certo.

Está-se a falar de um direito de minoria objetivo, ou seja, um ato **interna corporis** vinculado, do qual não podem afastar-se as Mesas Diretoras do Parlamento. Uma vez preenchidos esses requisitos, não há falar em discricionariedade de o Presidente da respectiva Mesa criar ou não a CPI, pois está vinculado a esse dever.

Da mesma forma que vige o entendimento de que o Judiciário não deve adentrar assuntos internos dos órgãos da Administração Pública, também se verifica que o Poder Judiciário não pode furtar-se da apreciação de lesão ou ameaça a direito quando suscitado, ainda que em sede de atos administrativos **interna corporis**, haja vista o Sistema de Jurisdição Única adotado pelo Brasil.

Assim, em que pese o caráter político-administrativo do ato de criação de uma CPI, que, como já visto, insere-se no âmbito de competência de fiscalização conferida pelo Poder Constituinte Originário ao Parlamento, não há olvidar a tutela jurisdicional do Supremo Tribunal Federal na garantia do direito constitucional de minoria, se este houver sido violado, em face da não criação de comissão parlamentar de inquérito, quando preenchidos os requisitos objetivos para sua instauração.

Instalar ou não uma comissão parlamentar de inquérito decorre do preenchimento dos requisitos objetivos acima mencionados. Uma vez satisfeitos esses requisitos, deve a Mesa Diretora respectiva criar esse instrumento de fiscalização.

Observe-se, então, que o controle jurisdicional desse caso concreto não está a invadir a competência das respectivas Casas, prevista nos arts. 51, IV, e 52, XIII, da Constituição Federal. O que ocorre é a constatação de uma competência conferida pelo Poder Constituinte Originário para que o Supremo Tribunal Federal, nas palavras do relator do processo-paradigma, intervenha "para assegurar as franquias constitucionais e para garantir a integridade e a supremacia da Constituição".

Nesse sentido, a decisão de se determinar ao Presidente do Senado Federal a criação de comissão parlamentar de inquérito não deve ser entendida como um arvoramento do STF em assunto **interna corporis** daquela Casa do Parlamento, mas sim como a prestação da tutela jurisdicional na garantia de ver satisfeito um direito da minoria garantido pela Constituição Federal, haja vista a violação à norma legal, ou seja, a atuação do Pretório Excelso decorre de um controle da legalidade não observada pelo Congresso Nacional e jamais de mérito.

6.3 DIREITO DE PERMANECER CALADO

Se se organizar geograficamente o art. 5º da Constituição Federal, têm-se os dispositivos constantes dos incisos XXXVII a LXVIII, que tratam de assuntos no âmbito do Direito Penal.

Dentre eles, insere-se o inciso LXIII, assim disciplinado: "o preso será informado de seus direitos, entre os quais o de **permanecer calado**, sendo-lhe assegurada a assistência da família e de advogado". (grifou-se)

Observe-se que vige o princípio do livre convencimento motivado do juiz, ou seja, embora o Magistrado tenha livre convencimento para decidir sobre o feito, este convencimento há de ser motivado. Ademais, não pode o silêncio do acusado ser fundamento de decidir do Juiz.

Ora, se ao Magistrado não é conferido poder de dar voz de prisão ao depoente em razão de seu silêncio em audiência, muito menos à CPI é conferida essa possibilidade.

Acerca desse instituto, Tourinho Filho assim leciona[8]:

> O imputado é obrigado a responder às perguntas que lhe forem formuladas? No Direito medieval, se o imputado não respondia às perguntas, era torturado, sendo, por conseguinte, obrigado a falar.
>
> Atualmente vigora o princípio do *nemo tenetur se detegere*, isto é, de que ninguém é obrigado a acusar-se. O imputado tem ampla liberdade: responderá às perguntas se quiser. E como bem expresso na Emenda n. V da Constituição norte-americana, 'no person shall be compelled in any criminal case to be a witness against himself...'. Hoje, em face da nova redação do art. 186[9] do CPP, depois de devidamente qualificado e cientificado do inteiro teor da acusação, o acusado será informado pelo Juiz, antes de iniciar o interrogatório, do seu direito de permanecer calado e de não responder perguntas que lhe forem formuladas. E mais: repetindo o que dizia toda a doutrina, o parágrafo único do citado dispositivo acrescentou: 'o silêncio, que não importará em confissão, não poderá ser interpretado em prejuízo da defesa'.

Assim, o acusado tem o direito subjetivo de permanecer calado sem que isso implique culpa ou não-culpa do interrogado/acusado e, também, que isso não importe confissão ou contribua para o convencimento do magistrado pela culpabilidade. Sob esse aspecto deve ser analisado o interrogatório no âmbito da CPI.

O STF, conforme HC 83357/DF (**in** DJ de 26.3.2004, p. 6), cuja relatoria coube ao Ministro Nelson Jobim, ratificou o entendimento do direito subjetivo de a pessoa convocada para depor em CPI ter tutelado o direito de permanecer calado, o que não implica o deferimento de **habeas corpus** em face de outros atos praticados pelo depoente em sede de CPI, senão vejamos o que consigna a ementa desse **habeas corpus**:

> EMENTA: HABEAS CORPUS. CPI DA PIRATARIA. CONVOCAÇÃO PARA DEPOR. AMEAÇA DE PRISÃO. Não existindo indícios de que será decretada a prisão do paciente convocado para depor em comissão parlamentar de inquérito, não há que se falar em ameaça de sua liberdade de ir e vir. **Habeas corpus** incabível. Precedentes. Qualquer pessoa tem o direito público subjetivo de permanecer calado quando for

---

8 TOURINHO FILHO, Fernando da Costa. Manual de Processo Penal. São Paulo: Saraiva, 8ª ed., 2006, p. 533.

9 O art. 186 do CPP assim está descrito, com a redação dada pela Lei nº 10.792/29003:
"Art. 186. Depois de devidamente qualificado e cientificado do inteiro teor da acusação, o acusado será informado pelo juiz, antes de iniciar o interrogatório, do seu direito de permanecer calado e de não responder perguntas que lhe forem formuladas.
Parágrafo único. O silêncio, que não importará em confissão, não poderá ser interpretado em prejuízo da defesa."

> prestar depoimento perante órgão do Poder Legislativo, Executivo ou Judiciário. **Habeas corpus deferido somente para assegurar o direito do paciente de permanecer em silêncio.** (grifou-se)

Mais uma vez, o Supremo Tribunal Federal, na prestação da tutela jurisdicional de sua competência, não adentra o mérito de ato **interna corporis** do Congresso Nacional. Contudo, atua para garantir o direito constitucional de o convocado para depor em Comissão Parlamentar de Inquérito permanecer silente em face de perguntas a ele dirigidas, conforme preceitua o art. 5°, LXIII, da Constituição Federal.

O enfoque, então, de eventual **habeas corpus** impetrado junto ao Supremo Tribunal Federal por pessoas convocadas para depor em CPI há de ser em relação ao direito subjetivo de o depoente permanecer calado em face das perguntas que lhe forem formuladas, ou seja, o depoente não tem a obrigação de responder a todas as perguntas formuladas, já que o acusado não é obrigado a contribuir para sua própria "condenação", ainda que futura.

Em sentido contrário, ou seja, em razão de alguma conduta incompatível do depoente em sede de CPI, parece não possuir como remédio processual eventual **habeas corpus** preventivo, pois, nessa hipótese, evidencia-se não ser legítima a impetração desse remédio processual preventivamente, e, consequentemente, a intervenção do Supremo Tribunal Federal, ante os poderes de investigação próprios das autoridades judiciárias conferidos àquela Comissão.

Já em face de outra violação praticada pelo "investigado", que não o direito de permanecer calado, eventual concessão de **habeas corpus** preventivo pelo STF pode ser compreendida como ofensa à tripartição de poderes consagrada em Montesquieu, constitucionalmente agasalhada pela República Federativa do Brasil, bem como intervenção indevida ao **modus operandi** de CPI, conforme ementa descrita neste item.

6.4 INTERCEPTAÇÃO TELEFÔNICA

Acerca desse assunto, deve ser colacionado excerto do HC 83515/RS[10], [11], de relatoria do Ministro Nelson Jobim, nos seguintes termos:

> EMENTA: HABEAS CORPUS. INTERCEPTAÇÃO TELEFÔNICA. PRAZO DE VALIDADE. ALEGAÇÃO DE EXISTÊNCIA DE OUTRO

---

[10] HC 83515/RS, Rel. Min Nelson Jobim, julgamento em 16.9.2005, publicado no DJ de 4.3.2005, **in** O Supremo Tribunal Federal e as Comissões Parlamentares de Inquérito. Brasília: Supremo Tribunal Federal, 2006, pp. 35/36.

[11] No mesmo sentido, MS 23652/DF, MS 23639/DF.

> MEIO DE INVESTIGAÇÃO. FALTA DE TRANSCRIÇÃO DE CONVERSAS INTERCEPTADAS NOS RELATÓRIOS APRESENTADOS AO JUIZ. AUSÊNCIA DE CIÊNCIA DO MINISTÉRIO PÚBLICO ACERCA DOS PEDIDOS DE PRORROGAÇÃO. APURAÇÃO DE CRIME PUNIDO COM PENA DE DETENÇÃO. 1. É possível a prorrogação do prazo de autorização para a interceptação telefônica, mesmo que sucessivas, especialmente quando o fato é complexo a exigir investigação diferenciada e contínua. Não configuração de desrespeito ao art. 5°, **caput**, da L. 9.296/96. 2. A interceptação telefônica foi decretada após longa e minuciosa apuração dos fatos por CPI estadual, na qual houve coleta de documentos, oitiva de testemunhas e audiências, além do procedimento investigatório normal da polícia. **Ademais, a interceptação telefônica é perfeitamente viável sempre que somente por meio dela se puder investigar determinados fatos ou circunstâncias que envolverem os denunciados.** 3. Para fundamentar o pedido de interceptação, a lei apenas exige relatório circunstanciado da polícia com a explicação das conversas e da necessidade da continuação das investigações. Não é exigida a transcrição total dessas conversas o que, em alguns casos, poderia prejudicar a celeridade da investigação e a obtenção das provas necessárias (art. 6°, § 2°, da L. 9.296/96). 4. Na linha do art. 6°, **caput**, da L. 9.296/96, a obrigação de cientificar o Ministério Público das diligências efetuadas é prioritariamente da polícia. O argumento da falta de ciência do MP é superado pelo fato de que a denúncia não sugere surpresa, novidade ou desconhecimento do procurador, mas sim envolvimento próximo com as investigações e conhecimento pleno das providências tomadas. 5. **Uma vez realizada a interceptação telefônica de forma fundamentada, legal e legítima, as informações e provas coletas dessa diligência podem subsidiar denúncia com base em crimes puníveis com pena de detenção, desde que conexos aos primeiros tipos penais que justificaram a interceptação.** Do contrário, a interpretação do art. 2°, III, da L. 9.296/96 levaria ao absurdo de concluir pela impossibilidade de interceptação para investigar crimes apenados com reclusão quando forem estes conexos com crimes punidos com detenção. **Habeas corpus** indeferido. (grifou-se)

Em que pese a natureza político-administrativa da apuração levada a termo por CPI, não há perquirir a possibilidade de que desse procedimento possa decorrer ação criminal ou civil promovida pelo Ministério Público, como se extrai do art. 58, § 3°, da Constituição Federal.

Poder-se-ia, então, questionar se a quebra do sigilo das comunicações telefônicas por um procedimento político-administrativo desenvolvido por comissão parlamentar de inquérito violaria ou não o art. 5°, XII, da Constituição Federal.

Esse dispositivo constitucional consagra o princípio da reserva de jurisdição, em que compete exclusivamente ao Juiz deliberar sobre esse assunto, da mesma forma como ocorre com o direito à inviolabilidade da casa, que somente poderá decorrer de flagrante delito ou desastre, ou para prestar socorro, ou, durante o dia, por determinação judicial; com o direito ao sigilo das comunicações telefônicas, que somente poderá ser violado por ordem judicial e para fins de investigação criminal ou instrução processual penal; com o direito a não ser preso senão em flagrante delito ou por ordem por escrito e fundamentada de autoridade judiciária competente.

É nesse sentido que comissão parlamentar de inquérito não detém competência para, por moto próprio, determinar a interceptação telefônica de pessoas envolvidas nas apurações por ela desenvolvidas.

Não se está a falar na impossibilidade de se determinar a interceptação telefônica de envolvidos em comissão parlamentar de inquérito. O que se assevera é a incompetência da comissão parlamentar de inquérito para assim deliberar.

Em havendo necessidade de se determinar a quebra do sigilo da comunicação telefônica de pessoas investigadas, deve a comissão parlamentar de inquérito, por meio dos procedimentos apropriados, requerer à autoridade judiciária competente essa providência, ante a observância do princípio da reserva de jurisdição.

O Supremo Tribunal Federal, por intermédio do MS-REF-MC 27483/DF (**in** DJe-192, de 10.10.2008), Relator Ministro CEZAR PELUSO, assim se manifestou, conforme ementa a seguir transcrita[12]:

> 1. COMISSÃO PARLAMENTAR DE INQUÉRITO. Interceptação telefônica. Sigilo judicial. Segredo de justiça. Quebra. Impossibilidade jurídica. Requisição de cópias das ordens judiciais e dos mandados. Liminar concedida. Admissibilidade de submissão da liminar ao Plenário, pelo Relator, para referendo. Precedentes (MS nº 24.832-MC, MS nº 26.307-MS e MS nº 26.900-MC). Voto vencido. Pode o Relator de mandado de segurança submeter ao Plenário, para efeito de referendo, a liminar que haja deferido. 2. COMISSÃO PARLAMENTAR DE INQUÉRITO – CPI. Prova. Interceptação telefônica. Decisão judicial. Sigilo judicial. Segredo de justiça. Quebra. Requisição, às operadoras, de cópias das ordens judiciais e dos mandados de interceptação. Inadmissibilidade. Poder que não tem caráter instrutório ou de investigação. Competência exclusiva

12 No mesmo sentido, o Supremo Tribunal Federal pronunciou-se nos seguintes processos: HC 83515/RS, Relator Ministro Nelson Jobim; MS 23652/DF, MS 23639/DF, MS 23452/RJ, todos de relatoria do Ministro Celso de Mello.

do juízo que ordenou o sigilo. Aparência de ofensa a direito líquido e certo. Liminar concedida e referendada. Voto vencido. Inteligência dos arts. 5º, X e LX, e 58, § 3º, da CF, art. 325 do CP, e art. 10, cc. art. 1º da Lei federal nº 9.296/96. **Comissão Parlamentar de Inquérito não tem poder jurídico de, mediante requisição, a operadoras de telefonia, de cópias de decisão nem de mandado judicial de interceptação telefônica, quebrar sigilo imposto a processo sujeito a segredo de justiça. Este é oponível a Comissão Parlamentar de Inquérito, representando expressiva limitação aos seus poderes constitucionais.** (grifou-se)

Nesse sentido, a quebra do sigilo da comunicação telefônica deve passar pelo crivo do Judiciário, não se apresentando consentâneo com o ordenamento jurídico pátrio comissão parlamentar de inquérito ter acesso a escutas telefônicas sem a deliberação daquele Poder, em consonância com o princípio da reserva de jurisdição.

6.5 DIREITO DE PETIÇÃO

Toda pessoa tem o direito de peticionar junto aos Poderes Públicos para defesa de direitos ou contra ilegalidade ou abuso de poder, nos termos do art. 5º, XXXIV, "a", da Constituição Federal.

Esse direito petrificado pelo ordenamento constitucional há de observar o limite da defesa de direitos do requerente.

Não pode o Palamento, por meio de suas comissões, violar preceito fundamental do cidadão. É nesse sentido que todos quantos tenham legitimidade para exercer o direito de petição junto a comissões parlamentares de inquérito poderão fazê-lo. A partir da legitimidade do requerente, deve a respectiva comissão deferir esse direito, sob pena de haver intervenção do Poder Judiciário para garantir a observância do direito ou garantia fundamental.

O Supremo Tribunal Federal, ao conceder liminar para garantir o direito de petição do impetrante, assim se manifestou nos autos do Mandado de Segurança 23674-MC (**in** DJ de 5.6.2000, p. 4), Relator Ministro Marco Aurélio, conforme excerto da respectiva ementa:

> **O direito de petição, o direito de obter informações consubstanciam garantias constitucionais e nenhuma autoridade pode, sem desrespeito à Carta da República, arvorar-se em detentora do odioso privilégio de menosprezá-los. 3. Defiro a liminar, compelindo, com isso, sob o ângulo da prevalência do ordenamento jurídico, a Comissão Parlamentar de Inquérito do Narcotráfico a expedir certidão sobre o envolvimento, na citada Comissão, do Impetrante, assentando os dados de fato coligidos e formalizados em documentos – atas e**

relatórios – que lhe digam respeito. 4. Oficie-se para a observância própria ao Estado Democrático de Direito. 5. Publique-se. Brasília, 29 de maio de 2000. (grifou-se)

Registre-se que o direito de petição deve-se restringir às informações do requerente, sob pena de se desvirturar o instituto dessa garantia constitucional. Daí por que não há falar desse instituto para obterem-se informações dos procedimentos desenvolvidos por comissão parlamentar de inquérito que não guardem relação com o requerente, tão-somente movido por desejo de informações alheias cujo emprego não se relacione com os trabalhos desenvolvidos por CPI.

Acerca do direito de petição relativo às informações do requerente e não a todos os trabalhos desenvolvidos pela comissão parlamentar de inquérito, o Supremo Tribunal Federal negou seguimento a **habeas data** impetrado por parlamentar que tinha interesse de obter informações constantes nos procedimentos de CPI, em razão da carência de legitimidade para ter acesso a outros dados obtidos pela comissão parlamentar de inquérito, sem relação com o impetrante. Colaciona-se, então, Despacho monocrático do Ministro Sepúlveda Pertence, nos autor do HD 71/DF (**in** DJ de 15.12.2005, p. 8), nos seguintes termos:

> Decido. No caso dos autos, infere-se do documento juntado pelo impetrante (termo de declaração lavrado pela Procuradoria da República no Estado do Rio Grande do Sul) – através do qual pretende comprovar a existência das informações a que pretende ter acesso –,que as declarações desabonadoras de sua pessoa foram desmentidas (f. 9/10). Daí a afirmação categórica do impetrado no sentido de que "não existem informações públicas nos autos da CPI – Tráfico de Armas a serem ao requerente prestadas" – de acordo com o parágrafo único do art. 1º da L. 9507/97( ). **Ora, a simples menção de pessoas em depoimento prestado perante autoridades judicial, administrativa ou política, não caracteriza a informação protegida pelo remédio jurídico-processual, de natureza constitucional, destinado a garantir, a favor da pessoa interessada, o exercício do direito de acesso aos registros ou bancos de dados de entidades governamentais ou de caráter público, bem como a sua retificação ou complementação. Entender de forma diversa possibilitaria que qualquer indivíduo referido em depoimento tenha acesso aos autos de processo sigiloso, o que resultaria na mitigação desse qualificativo**. É certo, entretanto, que advindo qualquer prejuízo no uso dessas informações estará a pessoa legitimada a requerer o que de direito pelos meios cabíveis. De tudo, nego seguimento ao pedido (art. 21, § 1º, do RISTF). Arquive-se. Brasília, 06 de dezembro de 2005. (grifou-se)

Assim sendo, a garantia constitucional do direito de petição há de ser entendida nos limites das informações que digam respeito ao requerente, o que não implica dizer que, no caso de comissão parlamentar de inquérito, este tenha irrestrito acesso aos autos, sob o argumento de estar albergado pelo direito de petição previsto no art. 5°, XXXIV, "a", da Constituição Federal.

VII
REMÉDIOS PROCESSUAIS EM FACE DOS ATOS PRATICADOS PELA CPI

Quando se está a falar dos remédios processuais em face dos atos praticados por comissão parlamentar de inquérito, deve-se ter em mente o controle jurisdicional dos atos praticados por essa comissão, ou seja, o controle do Poder Judiciário incidente sobre a Administração, já que, em contraposição a este Poder, as comissões de inquérito inserem-se no âmbito administrativo.

Não há falar em o controle jurisdicional dos atos praticados por comissão parlamentar de inquérito ser considerado como ofensa ao princípio da separação de poderes consagrada em Montesquieu e prevista na Constituição Federal. Sem perder de vista a unicidade de Poder, dividido nas atribuições dos Poderes Executivo, Legislativo e Judiciário, tem-se que o sentido teleológico da divisão funcional do Poder, cuja origem pode ser concebida a partir do entendimento da necessidade de serem contidos os excessos cometidos individualmente por esses poderes, consiste em se lhes atribuir a função de garante do princípio das liberdades individuais do cidadão e ser também o instrumento mais apropriado para tornar efetivos e concretos os direitos e garantias individuais ou coletivos assegurados pela Carta Manga do país.

Esse princípio está expressamente consagrado no art. 2° do Texto Constitucional e não pode ser considerado como inaceitável manto intangível de proteção dos comportamentos arbitrários e abusivos por parte de qualquer agente público ou por CPI.

A intervenção do Poder Judiciário decorre de demanda daqueles que se considerem alcançados irregularmente por atos cometidos por terceiros, inclusive por atos praticados por comissão parlamentar de inquérito. A garantia da satisfação da tutela jurisdicional, nos limites fixados pela Constituição, em primeira ordem, visa garantir a supremacia e a integridade da Carta Magna, no regular exercício da função jurisdicional confiada ao Poder Judiciário. Esse exercício fortalece a tripartição de poderes consagrada em

Montesquieu. Dessa forma, não se revela interferência ilegítima do Judiciário a intervenção nos atos praticados por comissão parlamentar de inquérito que exorbitem seus limites de competência.

Como visto no Capítulo IV, não há falar na inafastabilidade do Poder Judiciário em face de lesão ou ameaça de direito, pois vige no ordenamento jurídico brasileiro o Sistema de Jurisdição Única, consagrado no art. 5°, XXXV, da Constituição Federal.

Têm-se, portanto, nos remédios processuais, os instrumentos de que se vale a pessoa que tenha ou esteja na iminência de sofrer uma violação a direito seu ou de outrem para se socorrer ao Pode Judiciário,

Sob o aspecto do controle da Administração, entenda-se no caso concreto CPI, serão analisados e apresentados os instrumentos processuais de controle jurisdicional dos atos dessa comissão.

7.1 MANDADO DE SEGURANÇA

7.1.1 Conceito e legitimidade

Pode-se compreender mandado de segurança[1] como o remédio constitucional[2] que visa garantir o direito líquido e certo, não amparado por **habeas corpus** ou **habeas data**, em face de atos praticados por autoridade pública ou pessoa jurídica no exercício de atribuições do Poder Público.

É importante observar que o Texto Constitucional, ao falar sobre esse instituto, não menciona a tutela de direitos do cidadão, como no caso de

---

[1] Em nota de rodapé, Hely Lopes Meirelles menciona a origem desse instituto: "Nosso *mandado de segurança* inspirou-se no *juicio de amparo* do Direito Mexicano, que vigora desde 1841, para a defesa de direito individual, líquido e certo, contra atos de autoridade". (**in** MEIRELLES, Hely Lopes. Mandado de Segurança. Atualizado por Arnold Wald e Gilmar Ferreira Mendes, com a colaboração de Rodrigo Garcia da Fonseca. São Paulo: Malheiros Editores, 30ª ed., 2007, p. 26).

[2] Esse remédio processual está contemplado nos incisos LXIX e LXX, do art. 5°, da Constituição, **in verbis**:

Art. 5° Todos são iguais perante a lei, sem distinção de qualquer natureza, garantindo-se aos brasileiros e aos estrangeiros residentes no País a inviolabilidade do direito à vida, à liberdade, à igualdade, à segurança e à propriedade, nos termos seguintes:

....

LXIX – conceder-se-á mandado de segurança para proteger direito líquido e certo, não amparado por habeas-corpus ou habeas-data, quando o responsável pela ilegalidade ou abuso de poder for autoridade pública ou agente de pessoa jurídica no exercício de atribuições do Poder Público;

LXX – o mandado de segurança coletivo pode ser impetrado por:

a) partido político com representação no Congresso Nacional;

b) organização sindical, entidade de classe ou associação legalmente constituída e em funcionamento há pelo menos um ano, em defesa dos interesses de seus membros ou associados.

ação popular[3], mas transmite um comando aberto quanto ao pólo ativo do mandado de segurança, ou seja, basta haver violação a direito líquido e certo não amparado por **habeas corpus** ou **habeas data** por parte de autoridade pública ou pessoa jurídica no exercício de atribuições do Poder Público para que apareça o direito de a pessoa, em seu mais amplo sentido, insurgir-se contra essa violação do direito.

Acerca da legitimidade para impetrar o mandado de segurança, Hely Lopes Meirelles assim leciona[4]:

> Não só as pessoas *físicas* e *jurídicas* podem utilizar-se e ser passíveis de mandado de segurança, como também os órgãos públicos despersonalizados, mas dotados de capacidade processual, como as Chefias dos Executivos, as Presidências das Mesas dos Legislativos, os Fundos Financeiros, as Comissões Autônomas, as Superintendências de Serviços e demais órgãos da Administração centralizada ou descentralizada que tenham prerrogativas ou direitos próprios a defender.

Não há desconsiderar, também, outras instituições sem personalidade jurídica, mas reconhecidas pelo ordenamento jurídico, como aptas a impetrarem esse **mandamus**, como, por exemplo, massa falida, espólio, condomínio.

Acerca da legitimidade ativa para impetrar mandado de segurança, impõem-se formular duas distinções: i) a diferença entre parte e capacidade processual; ii) a distinção entre personalidade jurídica e personalidade judiciária.

Sobre a primeira distinção, Elpídio Donizetti assim leciona[5]:

> Capacidade de ser parte não se confunde com a capacidade de estar em juízo (capacidade processual ou legitimação processual). Enquanto a primeira relaciona-se com a capacidade de gozo ou de direito (aptidão para adquirir direitos e contrair obrigações na vida civil), a segunda guarda relação com a capacidade de fato ou de exercício (aptidão para exercer por si os atos da vida civil). Os incapazes (CC, arts. 3° e 4°) têm capacidade de ser parte, mas falta-lhes capacidade processual ou capacidade

---

3 O remédio constitucional da ação popular (art. 5°, LXXIII, CF), por exemplo, é privativo do cidadão, pessoa física, e visa anular ato lesivo ao patrimônio público ou de entidade de que o Estado participe, à moralidade administrativa, ao meio ambiente e ao patrimônio histórico e cultural. Ao mencionar a palavra "cidadão", o Poder Constituinte Originário afastou a possibilidade de pessoa jurídica valer-se desse remédio constitucional. Uma vez oscilante no Poder Judiciário esse direito privativo do cidadão, o STF editou a Súmula 365, nos seguintes termos: "Pessoa jurídica não tem legitimidade para propor ação popular".

4 MEIRELLES, Hely Lopes. Mandado de Segurança. Atualizado por Arnold Wald e Gilmar Ferreira Mendes, com a colaboração de Rodrigo Garcia da Fonseca. São Paulo: Malheiros Editores, 30ª ed., 2007, p. 26.

5 DONIZETTI, Eupídio. Curso Didático de Direito Processual Civil. Rio de Janeiro: Lumen Juris, 9ª ed., 2008, p. 52.

de estar em juízo (*legitimatio ad processum*), razão pela qual precisam ser representados ou assistidos pelos pais ou representantes legais. Quem tem capacidade para estar em juízo tem capacidade de ser parte, mas a recíproca não é verdadeira.

No que tange à segunda distinção, Hely Lopes Meirelles assim a menciona[6]:

> Na ordem privada, podem impetrar a segurança, além das *pessoas* e *entes personificados*, as *universalidades reconhecidas por lei*, como o espólio, a massa falida, o condomínio de apartamentos. Isto porque a *personalidade jurídica* é independente da *personalidade judiciária*, ou seja, da capacidade para ser parte em juízo; esta é um *minus* em relação àquela. Toda pessoa física ou jurídica tem, necessariamente, capacidade processual, mas para postular em juízo é exigida personalidade jurídica; basta a personalidade judiciária, isto é, a possibilidade de ser parte para defesa de direitos próprios ou coletivos.

O mandado de segurança visa desconstituir um ato praticado por autoridade pública ou pessoa jurídica no exercício do Poder Público lesivo ao direito do impetrante ou de seus representados.

Como regra geral, as ações de reparação por danos causados por agentes públicos têm como pólo passivo a Administração Pública, ou seja, o órgão ou entidade cujo agente tenha causado dano a outrem.

No caso do mandado de segurança, deve figurar no pólo passivo não o órgão ou entidade, mas sim a autoridade que tenha praticado o ato a ser reparado (autoridade coatora).

Vicente Greco Filho, ao falar sobre o sujeito passivo no mandado de segurança, assim leciona[7]:

> O sujeito passivo do *writ* é a autoridade, portanto seu objetivo é a reparação da ilegalidade ou abuso de poder praticados pelo agente do Poder Público que violou direito líquido e certo.
>
> Nesse aspecto já temos uma diferença importante entre o mandado de segurança e as ações em geral. Estas, quando são propostas contra o Estado por ato de seus agentes, o são contra a pessoa jurídica de direito público (União, Estado e Município) que eles representam ou em nome

---

6 MEIRELLES, Hely Lopes. Mandado de Segurança. Atualizado por Arnold Wald e Gilmar Ferreira Mendes, com a colaboração de Rodrigo Garcia da Fonseca. São Paulo: Malheiros Editores, 30ª ed., 2007, p.27.

7 GRECO FILHO, Vicente. Direito Processual Civil Brasileiro. São Paulo: Saraiva, 16ª ed., v. 3, 2003, p. 306.

de quem atuam. O mandado de segurança, porém, será proposto contra a autoridade.

A União e o Estado, em ações ordinárias, serão citados na pessoa de seus procuradores, e o Município na pessoa do prefeito ou procurador; no mandado de segurança será notificada a própria autoridade. Ainda que o objeto seja o mesmo e ainda que tenha sido impetrada a segurança, se, faltando qualquer de seus pressupostos, não puder ser conhecido o mérito da causa, a ação ordinária sucedânea seguirá essas regras de legitimidade, sob pena de carência da ação.

É nesse sentido que há de figurar no pólo passivo do mandado de segurança a autoridade que praticou o ato contra o qual se insurge o impetrante, e não a pessoa jurídica de direito público ou privado. Já no pólo ativo podem figurar tanto a pessoa física quanto a jurídica, com ou sem personalidade jurídica, mas que tenha como pressuposto a pretensão de afastar o ato lesivo à pessoa do impetrante, praticado por autoridade pública ou pessoa jurídica no exercício de competência do Poder Público.

7.1.2 Espécies

Do Texto Constitucional, emergem duas espécies de mandado de segurança:

a) mandado de segurança (por alguns denominado mandado de segurança individual);
b) mandado de segurança coletivo.

O mandado de segurança visa a assegurar direito líquido e certo não amparado por **habeas data** ou **habeas corpus** do impetrante.

Já o mandado de segurança coletivo foi introduzido no ordenamento constitucional a partir de 1988[8], já que, até então, havia a previsão somente do mandado de segurança individual.

Seja coletivo ou individual, o mandado de segurança destina-se a proteger direito líquido e certo não amparado por **habeas corpus** ou **habeas data**, quando o responsável pela ilegalidade ou abuso de poder for autoridade pública ou agente de pessoa jurídica no exercício de atribuições do Poder Público.

O mandado de segurança coletivo poderá ser impetrado por partido político com representação no Congresso Nacional ou por entidade de classe ou

---

[8] O § 21, do art. 153, da Emenda Constitucional nº 1/1969, contemplava tão-somente o mandado de segurança como instituto processual apto para proteger direito líquido e certo não amparado por **habeas corpus**, em face da autoridade responsável pela ilegalidade ou abuso de poder, sem qualquer menção ao mandado de segurança coletivo.

associação legalmente constituída e em funcionamento há pelo menos um ano, na defesa de interesse de seus membros ou associados. Em que pese esse *writ* destinar-se aos interesses de seus associados, deverá ser impetrado em nome da própria entidade e não de seus membros.

Atenção deve ser dada quanto aos interesses dos associados da entidade de classe, pois o dispositivo constitucional que trata do assunto prevê que o **mandamus** deve ser "em defesa dos interesses de seus membros ou associados".

O Supremo Tribunal Federal, ao editar a Súmula nº 630[9], consagrou que as pessoas legitimadas a impetrarem mandado de segurança coletivo podem valer-se desse instituto para tutelar interesses de parte de seus associados, não sendo necessário que todos os seus membros sejam beneficiados da decisão buscada pelo instituto[10].

7.1.3 Efeitos

Pela definição constitucional do mandado de segurança, poder-se-ia ter em mente que seu efeito seria tão-somente repressivo, uma vez que, para valer-se desse instituto, o impetrante deveria demonstrar a violação do direito líquido e certo, não amparado por **habeas corpus** ou **habeas data**.

Entretanto, a jurisprudência tem acolhido o mandado de segurança com efeito preventivo.

Para se valer do mandado de segurança, o impetrante tem que demonstrar a violação ao direito líquido e certo, ou seja, há de comprovar o ato praticado pela autoridade pública, bem como o direito que ampara extirpar esse ato do mundo jurídico.

Em face da iminência de algum ato a ser praticado pela autoridade pública, é possível, em tese, a impetração de mandado de segurança com efeito preventivo[11].

---

9 Súmula nº 630/STF: A entidade de classe tem legitimação para o mandado de segurança ainda quando a pretensão veiculada interesse apenas a uma parte da respectiva categoria.

10 Em sentido contrário, entende Hely Lopes Meirelles, (MEIRELLES, Hely Lopes. Mandado de Segurança. Atualizado por Arnold Wald e Gilmar Ferreira Mendes, com a colaboração de Rodrigo Garcia da Fonseca. São Paulo: Malheiros Editores, 30ª ed., 2007, p. 29): "Observamos, todavia, que o mandado de segurança coletivo não se presta à defesa de direito individual de um ou de alguns filiados de partido político, de sindicato ou de associação, mas sim da categoria, ou seja, **da totalidade de seus filiados**, que tenham um direito ou uma prerrogativa a defender em juízo." (grifou-se)

11 Hely Lopes Meirelles, assim leciona sobre o mandado de segurança com efeito preventivo: "O mandado de segurança preventivo tem sido muito utilizado em matéria tributária, em especial para proteção contra a cobrança de tributos inconstitucionais." (**in** MEIRELLES, Hely Lopes. Mandado de Segurança. Atualizado por Arnold Wald e Gilmar Ferreira Mendes, com a colaboração de Rodrigo Garcia da Fonseca. São Paulo: Malheiros Editores, 30ª ed., 2007, p. 28.)

7.1.4 Natureza jurídica e competência

O mandado de segurança tem assento constitucional (art. 5º, LXIX e LXX), constituindo-se em direito e garantia fundamental. No âmbito infraconstitucional, até agosto de 2009 era regido pela Lei 1.533/1951. Contudo, esse tema passou a ser disciplinado por meio da Lei 12.016/2009, motivo por que foi revogado o diploma anterior.

O mandado de segurança caracteriza-se como ação civil de rito sumário especial, cujo objeto consiste em reprimir ofensa a direito subjetivo coletivo ou individual, mediante decisão judicial impeditiva ou corretiva da ilegalidade praticada pela autoridade pública ou agente de pessoa jurídica no exercício de atribuições do Poder Público.

Essa determinação judicial pretendida por meio do **mandamus** dirige-se à autoridade coatora e não ao órgão, pois é àquela a quem se dirige a decisão judicial proferida em sede de mandado de segurança.

Nesse sentido, seja qual for a natureza jurídica do ato a ser impugnado (judicial, policial, eleitoral, trabalhista, penal, administrativo, civil...), o mandado de segurança deverá ser processado e julgado pela autoridade judiciária competente como ação civil.

Acerca da competência para processar e julgar o mandado de segurança, pode-se dizer que ocorrerá por exclusão, ou seja, de acordo com o foro a que fizer jus a autoridade coatora.

Começa-se, então, pelo Supremo Tribunal Federal, a quem compete processar e julgar, originariamente, o mandado de segurança contra atos do Presidente da República, das Mesas da Câmara dos Deputados e do Senado Federal, das comissões parlamentares de inquérito, do Tribunal de Contas da União, do Procurador-Geral da República e do próprio Supremo Tribunal Federal.

Já a competência recursal do STF em matéria desse instituto ocorrerá para o mandado de segurança decidido em única instância pelos Tribunais Superiores, se denegatória a decisão.

Observe-se que não está expressamente contemplada a competência do STF para processar e julgar mandado de segurança em face de atos praticados por comissão parlamentar de inquérito. Entretanto, o Pretório Excelso tem entendimento de que a ele compete processar e julgar originariamente o *writ* em face dos atos praticados por essa comissão, uma vez que integram o Congresso Nacional, cujos atos realizados pelas mesas das respectivas Casas podem ser atacados por meio desse **mandamus**. Não se pode perder de vista que ao STF compete processar e julgar, em competência originária, os mandados de segurança e os **habeas corpus** impetrados em face de atos praticados pelo Congresso Nacional, Senado Federal e Câmara dos Deputados. Ocorre que a CPI, instaurada no âmbito do Congresso Nacional, constitui **longa manus** do Legislativo Federal, motivo por que o próprio STF reconhece sua competência para processar e julgar os mandados de segurança e **habeas corpus** em face de atos praticados por CPI[12].

Em que pese o objeto desta obra estar afeto à comissão parlamentar de inquérito, como se falou da competência por exclusão para processar e julgar o mandado de segurança, continua-se o desenvolvimento desse raciocínio.

Uma vez não verificada a competência do STF para processar e julgar o mandado de segurança, passar-se-á ao Superior Tribunal de Justiça. A este compete processar e julgar, originariamente, esse *writ* contra ato de Ministro de Estado, dos Comandantes da Marinha, do Exército e da Aeronáutica ou do próprio Tribunal.

Já em sede recursal, ao Superior Tribunal de Justiça compete julgar os mandados de segurança decididos em única instância pelos Tribunais Regionais Federais ou pelos Tribunais dos Estados, do Distrito Federal e Territórios, quando denegatória a decisão.

Uma vez não verificada a competência do STF nem do STJ, passa-se a analisar a competência do Tribunal Regional Federal. A este Tribunal compete processar e julgar, originariamente, o mandado de segurança contra ato do próprio Tribunal ou de Juiz federal.

Em sede de recurso, ao Tribunal Regional Federal compete processar e julgar as causas decididas pelos juízes federais e pelos juízes estaduais no exercício da competência federal da área de sua jurisdição, onde se inserem os mandados de segurança.

Não se verificando a competência do STF, do STJ e do TRF, passa-se a analisar a do Juiz federal. A este compete "processar e julgar o mandado de segurança e o **habeas data** contra ato de autoridade federal, **excetuados os casos de competência dos tribunais federais**" (grifou-se), nos termos do art. 109, VIII, da Constituição Federal. Observe-se que o próprio Texto Constitucional prevê a competência do Juiz federal por exclusão, ou seja, competirá a este processar e julgar o mandado de segurança contra ato de autoridade federal que não tenha prerrogativa de foro nos Tribunais.

---

12 Nesse sentido, ver MS 23452/RJ (**in** DJ de 12.5.2000, p. 20), Relator Min. Celso de Mello.

No âmbito estadual e distrital, a competência para processar e julgar mandado de segurança, em competência originária ou recursal, deve ser verificada na Lei de Organização Judiciária do respectivo ente da Federação.

7.1.5 Ato de autoridade

"Ato de autoridade é toda manifestação ou omissão do Poder Público ou de seus delegados, no desempenho de suas funções ou a pretexto de exercê-las"[13].

O Estado, para prestação de suas atividades, necessita de duas estruturas bem definidas: uma física; outra de pessoal. A primeira diz respeito aos bens não humanos de que necessita a Administração para realizar suas atividades.

A segunda diz respeito aos recursos humanos de que também se vale a Administração para movimentar o Estado.

Dentro desta segunda estrutura, inserem-se os agentes públicos, cujo art. 2°, da Lei 8.429/1992 (Lei de Improbidade Administrativa), assim os define: "Reputa-se agente público, para os efeitos desta Lei, todo aquele que exerce, ainda que transitoriamente ou sem remuneração, por eleição, nomeação, designação, contratação ou qualquer outra forma de investidura ou vínculo, mandato, cargo, emprego ou função nas entidades mencionadas no artigo anterior".

Assim, podem ser consideradas autoridades, como espécie do gênero agente público, para fins de mandado de segurança, os representantes ou administradores das entidades autárquicas e das pessoas naturais ou jurídicas com funções delegadas do Poder Público, somente no que entender com essas funções, bem como os parlamentares integrantes da CPI, em especial o seu Presidente, a quem compete a condução dos trabalhos da comissão.

Ocorre que somente será considerada autoridade pública aquela que detenha ordem hierárquica que lhe confere poder de decisão, ou seja, aquele que pratica atos administrativos decisórios, os quais, quando eivados de ilegalidade, podem ser atacados via mandado de segurança.

É nesse sentido que deve ser distinguido o agente executor da autoridade coatora. Aquele é um mero cumpridor da ordem, sem que detenha nenhum controle sobre o mandamento de praticar ou não o ato, já que essa prerrogativa é de seu chefe. Este, detentor da competência para decidir sobre a

---

13 MEIRELLES, Hely Lopes. Mandado de Segurança. Atualizado por Arnold Wald e Gilmar Ferreira Mendes, com a colaboração de Rodrigo Garcia da Fonseca. São Paulo: Malheiros Editores, 30ª ed., 2007, p.35.

realização ou não do ato, poderá vir a ser considerado autoridade coatora com vistas a ser compelido a desconstituir o ato praticado com violação à norma legal.

Não se pode desconsiderar também que autoridade coatora poderá ser agente de pessoa jurídica no exercício de atribuições do Poder Público, tal como ocorre, por exemplo, com os estabelecimentos privados de ensino, que poderão ter seus atos, que digam respeito à delegação de competência do Estado, atacados via mandado de segurança.

7.1.6 Direito líquido e certo

O objeto do mandado de segurança consiste na reparação do ato ou omissão de autoridade pública ou pessoa jurídica no exercício de atribuições do Poder Público, que seja ilegal e violador de direito coletivo ou individual.

Ocorre que, para se determinar a reparação do ato ou omissão praticado por autoridade pública, há de ser cristalino o direito individual ou coletivo a fundamentar a impetração do mandado de segurança. Enfatize-se que o direito há de ser individual, ou seja, do próprio impetrante. Não há, pois, falar em tutela de interesses que não sejam do impetrante, sob pena de não ser conhecido o *writ*, com a ressalva do mandado de segurança coletivo. Para a tutela de interesses outros, que não dos impetrantes, pode o interessado valer-se da ação popular (Lei 4.717/1965) ou da ação civil pública (Lei 7.347/1985), ou outro remédio processual adequado, conforme o caso.

Questiona-se, então, acerca da definição do direito líquido e certo a ser tutelado pelo mandado de segurança.

A expressão "direito líquido e certo" confunde-se com os meios que o comprovam de plano. Esse parece ser o entendimento de Hely Lopes Meirelles[14]:

> *Direito líquido e certo* é o que se apresenta manifesto na sua existência, delimitado na sua extensão e apto a ser exercitado no momento da impetração. Por outras palavras, o direito invocado, para ser amparável por mandado de segurança, há de vir expresso em norma legal e trazer em si todos os requisitos e condições de sua aplicação ao impetrante: se sua existência for duvidosa; se sua extensão ainda não estiver delimitada; se seu exercício depender de situações e fatos ainda indeterminados, não rende ensejo à segurança, embora possa ser defendido por outros meios judiciais.

---

[14] MEIRELLES, Hely Lopes. Mandado de Segurança. Atualizado por Arnold Wald e Gilmar Ferreira Mendes, com a colaboração de Rodrigo Garcia da Fonseca. São Paulo: Malheiros Editores, 30ª ed., 2007, p.38.

É nesse contexto que se pode compreender "direito líquido e certo" como aquele que preenche, de plano, todos os requisitos para conhecimento e concessão no momento em que o mandado de segurança for impetrado.

Não há falar em complexo conjunto de provas a ser produzido na via do mandado de segurança. Se assim for, não será esse *writ* a via processual adequada, pois faltarão os requisitos da certeza e liquidez desse **mandamus**. Daí por que as provas colacionadas no mandado de segurança – todas as admitidas no Direito – devem ser pré-constituídas, ou seja, o conjunto probatório apto a demonstrar o direito líquido e certo do objeto a ser tutelado pelo mandado de segurança deve ser produzido e colacionado junto à inicial desse instrumento.

O mandado de segurança consiste em processo mandamental que não comporta dilação probatória, pois se constitui em processo documental, cuja liquidez e certeza dos fatos e do direito devem ser evidenciadas de plano e de forma incontestável, por meio das provas pré-constituídas admitidas no Direito, motivo por que deve o magistrado afastar toda e qualquer discussão de matéria fática cuja certeza e liquidez não tenham sido, *a priori*, demonstradas ou simples conjecturas, meras suposições ou inferências. No mandado de segurança, não se discutem fatos[15].

Não há confundir as provas produzidas pelo impetrante com as informações julgadas pertinentes pelo Juiz. Assim, continua Hely Lopes Meirelles[16]:

> Por se exigirem situações e fatos *comprovados de plano* é que não há instrução probatória no mandado de segurança. Há, apenas, uma dilação para *informações do impetrado* sobre as alegações e provas oferecidas pelo impetrante, com subsequente manifestação do Ministério Público sobre a pretensão do postulante. Fixada a lide nestes termos, advirá a sentença considerando unicamente o direito e os fatos comprovados com a *inicial* e as *informações*.
>
> Nesse sentido é que se pode compreender o direito líquido e certo a fundamentar o mandado de segurança como aquele demonstrado, de plano, na inicial. Todo o direito líquido e certo de terceiros não observado por CPI sujeita-se à tutela jurisdicional pela via do mandado de segurança.

---

15 Nesse sentido, ver MS 23652/DF (**in** DJ de 16.2.2001, p. 92), Relator Min. Celso de Mello.

16 MEIRELLES, Hely Lopes. Mandado de Segurança. Atualizado por Arnold Wald e Gilmar Ferreira Mendes, com a colaboração de Rodrigo Garcia da Fonseca. São Paulo: Malheiros Editores, 30ª ed., 2007, p. 39.

7.1.7 Prazo

O prazo para impetrar o mandado de segurança extinguir-se-á 120 (cento e vinte) dias contados do conhecimento do ato a ser impugnado.

O termo inicial do prazo é contado a partir do conhecimento oficial do ato a ser impugnado, ou seja, da data a partir da qual o ato estava apto a produzir os efeitos que violam o direito líquido e certo do impetrante.

Esse prazo é decadencial[17], ou seja, exaurido esse prazo sem se valer do *writ*, perde-se a via do mandado de segurança. Ademais, essa contagem do prazo não se interrompe nem se suspende depois de iniciado. Observe-se que não se está a falar da perda do direito, que poderá ser buscado junto ao Judiciário por outra ação, mas sim da via desse **mandamus**.

Não se pode perder de vista que o mandado de segurança consiste em rito sumário especial, cuja precedência processual impõe a observância do prazo de cento e vinte dias para impetração, sob pena de decadência da via do MS. Dada a natureza jurídico-administrativa da CPI de apuração de fato relevante para o país, não há falar em dilação excessiva de prazo para que se impetre esse *writ*.

7.1.8 Partes

São partes no mandado de segurança o impetrante, o impetrado e o Ministério Público.

O impetrante caracteriza-se por ser o sujeito individual ou coletivo do direito líquido e certo violado pela autoridade pública, que pode ser pessoa física ou jurídica. No Texto Constitucional ou na Lei do Mandado de Segurança, não consta qualquer restrição quanto à pessoa que o impetrará (pessoa física ou jurídica). Basta que seja um dos legitimados pelo art. 5º, LXIX ou LXX da Constituição Federal.

O mandado de segurança está consagrado no título dos direitos e garantias fundamentais, mas esse fato não afasta a utilização do **mandamus** por pessoas jurídicas, universalidades de patrimônio, órgãos despersonalizados, pessoas físicas, associações, entidades de classe, sindicatos, partidos políticos com representação no Congresso Nacional.

---

[17] Em que pese a Constituição Federal ser silente quanto ao prazo para se impetrar o mandado de segurança, a Súmula 632 do STF veio pacificar o prazo decadencial previsto inicialmente na Lei nº 1.533/191, ao estabelecer que "É constitucional lei que fixa o prazo de decadência para a impetração de mandado de segurança". Posteriormente, o prazo de cento e vinte dias para se impetrar o *writ* foi definido pela Lei nº 12.016/2009, por meio de seu art. 23.

No que tange às entidades de classe, estas devem estar legalmente constituídas há mais de um ano e devem valer-se do mandado de segurança em defesa dos interesses de seus membros ou associados, ainda que de parte destes, nos termos da Súmula 630/STF.

Em relação ao impetrado, este há de ser a autoridade coatora, pessoa física responsável pelo ato atacado, que figurará como parte integrante do pólo passivo na ação, e não a pessoa jurídica ou o órgão a que pertence essa autoridade. Assim é que o mandado de segurança será impetrado em face da autoridade coatora e não do órgão por ela integrado.

A autoridade coatora é aquela que determina a prática do ato objeto de impugnação pela via do mandado de segurança. É, por isso, incabível esse **mandamus** em face de autoridade que não tenha competência para rever a ilegalidade guerreada.

Não há confundir a assistência do órgão no mandado de segurança com a substituição processual. Daquela pode valer-se o órgão para auxiliar a autoridade coatora; esta é incabível, haja vista a ação processar-se em face da pessoa física responsável pela determinação do ato e não contra o órgão.

Já o Ministério Público atua como **custos legis**. A função de fiscal da lei permite a este órgão manifestar-se pela procedência ou não do mérito do mandado de segurança. Ele não se destina a defender incondicionalmente o ato objeto da impugnação, mas sim a lei, o bom direito a ser aplicado ao caso concreto.

No prazo de dez dias, o Ministério Público deverá manifestar-se sobre o pedido constante do mandado de segurança. Em não havendo manifestação do *Parquet*, nesse prazo, devem os autos ser conclusos ao juiz para decisão, que não deve ultrapassar o lapso temporal de trinta dias.

Não há confundir a intervenção do Ministério Público como **custos legis** com a atuação como parte no mandado de segurança. Carece esse órgão de legitimidade para impetrar o **mandamus**, pois pode valer-se, por exemplo, da ação civil pública para reparar o ato ilegal. Esse é o entendimento de Hely Lopes Meirelles, ao se pronunciar sobre a legitimidade desse órgão para atuar como impetrante[18]:

O Ministério Público tem impetrado alguns mandados de segurança na qualidade de defensor de direitos difusos, de guardião da ordem jurídica em geral. Algumas decisões judiciais admitem esta modalidade de impetração

---

18 MEIRELLES, Hely Lopes. Mandado de Segurança. Atualizado por Arnold Wald e Gilmar Ferreira Mendes, com a colaboração de Rodrigo Garcia da Fonseca. São Paulo: Malheiros Editores, 30ª ed., 2007, p.62.

(no STJ: RMS nº 5.895-DF, Rel. Min. Assis Toledo, DJU 5.2.96, p. 1.410, e RDR 4/225; RMS nº 9.889-MG, Rel. Min. Gílson Dipp, DJU 15.3.99, p. 264). *Data venia,* discordamos de tal entendimento. Se um determinado ato é atentatório a direitos difusos, e não a direitos individuais, o Ministério Público poderá intervir para reprimi-lo, mas não pela via do mandado de segurança, e sim através da ação civil pública. Do contrário se estaria consagrando um mandado de segurança coletivo anômalo, fora das hipóteses previstas expressamente na Constituição (art. 5º, LXX).

7.1.9 *Litisconsórcio, assistência e terceiro prejudicado*

O litisconsórcio ativo está consagrado no art. 10, da Lei 12.016/2009. Verifica-se o litisconsórcio quando em um dos pólos houver mais de uma pessoa, podendo haver, portanto, no caso de mandado de segurança, litisconsorte ativo.

O terceiro prejudicado por decisão em mandado de segurança, que não tenha sido citado, poderá recorrer do **decisum** no mesmo prazo de que dispõem as partes. Ao mesmo tempo, pode valer-se desse *writ* para afastar ou impedir lesão ou ameaça a direito liquido e certo, ainda que o acórdão ou a sentença admitam recurso a ser interposto por ele[19].

Assim sendo, sempre que comissão parlamentar de inquérito praticar ato que viole direito líquido e certo não amparado por **habeas corpus** ou **habeas data**, pode valer-se qualquer pessoa legitimada para, pela via do mandado de segurança, afastar esse ato do mundo jurídico.

7.2 HABEAS CORPUS

7.2.1 *Origem*

Esse instituto foi a primeira garantia de direitos fundamentais criada por "João Sem Terra", monarca inglês, em 1215, na Magna Carta, e formalizada pelos **habeas corpus** em 1679.

[19] Esse é o entendimento do STF, conforme RE nº 93.432/GO (in DJ de 13.3.1981, p. 1732, de relatoria do Ministro Moreira Alves, cuja ementa é a seguir transcrita: MANDADO DE SEGURANÇA. FALTA DE CITAÇÃO DE LITISCONSORTES NECESSARIOS. NÃO SE APLICA, NO CASO, O OBICE DO INCISO V DO ARTIGO 308 DO REGIMENTO INTERNO DESTA CORTE, UMA VEZ QUE, NO RECURSO EXTRAORDINÁRIO, NÃO SE DISCUTE O MÉRITO DO MANDADO DE SEGURANÇA (MEDIDA LIMINAR EM AÇÃO POSSESSORIA), MAS QUESTÃO RELATIVA A RELAÇÃO JURÍDICA PROCESSUAL DECORRENTE DO MANDADO DE SEGURANÇA (NECESSIDADE DE CITAÇÃO DE LITISCONSORTES NECESSARIOS). OCORRENCIA DE OFENSA AOS ARTIGOS 19 DA LEI 1533/51, EM SUA ATUAL REDAÇÃO, E 47 DO CÓDIGO DE PROCESSO CIVIL. RECURSO EXTRAORDINÁRIO CONHECIDO E PROVIDO.

No Brasil, a primeira Constituição (1824) não contemplava esse *writ*. Entretanto, foi introduzido no ordenamento jurídico brasileiro a partir do Código de Processo Criminal, de 1832.

Deve-se mencionar que a primeira manifestação desse remédio processual surgiu, no Brasil, em 1821, por meio de alvará emitido por Dom Pedro I, em que se assegurava o direito de locomoção. Entretanto, somente em 1832 é que a expressão **habeas corpus** foi inserida no Código de Processo Criminal.

O **habeas corpus** inaugurou o ordenamento constitucional em 1891, cujo art. 72, § 22, assim o disciplinava:

> Art. 72. A Constituição assegura a brasileiros e a estrangeiros residentes no país a inviolabilidade dos direitos concernentes à liberdade, à segurança individual e à propriedade no seguintes termos:
>
> ....
>
> § 22. Dar-se-á o *habeas corpus* sempre que o indivíduo sofrer ou se achar em iminente perigo de sofrer violência, ou coação, por ilegalidade, ou abuso de poder.

A técnica legislativa adotada na elaboração desse dispositivo não permitiu delimitar precisamente o escopo do objeto a ser tutelado por esse *writ*. Daí por que, inicialmente, o **habeas corpus** era utilizado para fins diversos do que manter a liberdade do corpo, ou seja, afastar o cerceamento ilícito do direito de ir e vir da pessoa.

Assim é que o **habeas corpus** não era usado para garantir tão-somente o direito à liberdade física (ir e vir), mas também para os direitos que tinham como pressupostos básicos a locomoção, que perdurou até o advento da Reforma Constitucional de 1926, quando esse instituto passou a garantir exclusivamente o direito à liberdade de ir e vir.

Acerca desse "desvio de finalidade" do **habeas corpus**, Ada Pellegrini, Gomes Filho e Scarance Fernandes, informam que[20]:

> Na verdade, três posições firmaram-se com o advento da Constituição republicana: alguns, como Rui Barbosa, sustentavam que a garantia deveria ser aplicada em todos os casos em que um direito estivesse ameaçado, manietado, impossibilitado no seu exercício por abuso de poder ou ilegalidade; em sentido oposto, afirmava-se que o *habeas corpus*, por sua natureza e origem histórica, era remédio destinado exclusivamente

---

20 GRINOVER, Ada Pellegrini; GOMES FILHO, Antonio Magalhães; FERNANDES, Antonio Scarance. Recursos no Processo Penal. São Paulo: Revista dos Tribunais, 2004, 4ª ed., p. 347.

> à proteção da liberdade de locomoção; e, finalmente, uma terceira corrente, vencedora no Supremo Tribunal Federal, propugnava incluir na proteção do *habeas corpus* não só os casos de restrição da liberdade de locomoção, como também as situações em que a ofensa a essa liberdade fosse meio de ofender outro direito.

Ocorre que, com o advento da Constituição de 1934, o instituo do **habeas corpus** passou a garantir tão-somente o direito de ir e vir, na forma que hoje é garantido como direito e garantia fundamental.

7.2.2 *Fundamento*

O **habeas corpus** foi erigido a direito e garantia fundamental, petrificado por meio do art. 60, § 4°, IV, do Texto Constitucional, cuja definição está contemplada no art. 5°, LXVIII, da Lei Maior, **in verbis:**

> Art. 5° Todos são iguais perante a lei, sem distinção de qualquer natureza, garantindo-se aos brasileiros e aos estrangeiros residentes no País a inviolabilidade do direito à vida, à liberdade, à igualdade, à segurança e à propriedade, nos termos seguintes:
>
> ....
>
> LXVIII – conceder-se-á 'habeas-corpus' sempre que alguém sofrer ou se achar ameaçado de sofrer violência ou coação em sua liberdade de locomoção, por ilegalidade ou abuso de poder.

7.2.3 *Espécies*

As espécies confundem-se com os efeitos do **habeas corpus**. Duas são as espécies: preventivo e repressivo.

O preventivo decorrerá da iminência ou ameaça da violência ou coação à liberdade de locomoção do indivíduo[21].

O repressivo será concedido quando já se houver sido verificada a violência contra a liberdade de locomoção, oportunidade em que será expedido o alvará de soltura em favor do paciente.

Para se impetrar o **habeas corpus**, há de se verificar violência ou coação ilegal no direito da liberdade de ir e vir. O próprio Código de Processo Penal elenca o que é considerado como coação ilegal quando: a) não houver justa causa; b) alguém estiver preso por mais tempo do que determina a lei; c) em

---

[21] O art. 660, § 4°, do CPP estabelece que: "Se a ordem de **habeas corpus** for concedida para evitar ameaça de violência ou coação ilegal, dar-se-á ao paciente salvo-conduto assinado pelo juiz".

ordenar a coação não tiver competência para fazê-lo; d) houver cessado o motivo que autorizou a coação; e) não for alguém admitido a prestar fiança, nos casos em que a lei a autoriza; f) o processo for manifestamente nulo; g) extinta a punibilidade.

7.2.4 Natureza jurídica e competência

Em vestibular leitura do instituto na Constituição Federal, poder-se-ia atribuir ao **habeas corpus** a natureza recursal, uma vez que visa a desconstituir uma prisão ilegal.

Para que se amolde como recurso, seriam necessários, pelos menos: inexistência de trânsito em julgado da decisão; interposição em face de decisão judicial; interposição na mesma relação jurídico-processual.

Ao contrário, o **habeas corpus** pode ser impetrado em face de decisão transitada em julgado; pode ser impetrado em face de ato administrativo; inaugura nova relação jurídica autônoma.

Assim é que a natureza jurídica do **habeas corpus** pode ser compreendida como ação autônoma de impugnação de prisão ilegal[22], a fim de garantir o direito de ir e vir.

Daí por que se pode afirmar que o objeto do **habeas corpus** consiste na liberdade de locomoção. Se outro for o direito violado do indivíduo, que não o direito de ir e vir, não há falar na via desse remédio constitucional.

A competência para processar e julgar o **habeas corpus**, tal como mencionado no item 7.1.4 retro[23], ocorre por exclusão, ou seja, há de verificar a prerrogativa de foro da autoridade impetrada, pra se identificar o órgão julgador.

Passa-se, então, pela competência do STF, do STJ, do TRF, até chegar ao Juiz Federal, para ações que envolvam a União. No âmbito dos Estados e do Distrito Federal, deve ser observada a respectiva Lei de Organização Judiciária.

7.2.5 Legitimidade

O **habeas corpus** possui o objetivo de afastar o cerceamento ilegal do direito de locomoção da pessoa. Assim, a titularidade desse instituto deveria ser a pessoa constrangida em seu direito de ir e vir.

---

22 Assim entende Paulo Rangel (**in** Direito Processual Penal. Rio de Janeiro: Lumen Juris, 14ª ed., 2007, p. 808), quando conclui sobre a natureza jurídica do habeas corpus, nos seguintes termos: "(...) o *habeas corpus* não é um recurso, tratando-se de uma *ação autônoma de impugnação cuja pretensão é de liberdade*."

23 A fim de não ser repetitivo, recomenda-se a leitura do item 7.1.4, que trata da competência para processar e julgar o mandado de segurança.

Entretanto, ao disciplinar a legitimidade ativa desse *writ*, o Código de Processo Penal conferiu a possibilidade de qualquer pessoa, advogado ou não, em seu favor ou de outrem, bem como o Ministério Público, impetrar o **habeas corpus**. É de se enfatizar a desnecessidade de esse instrumento ser assinado por advogado, motivo por que podem ser distintas as pessoas do impetrante e a do paciente.

O paciente no **habeas corpus** é a pessoa que sofreu ou se encontra na iminência de sofrer cerceamento ilegal em seu direito de ir e vir, ou seja, é aquele que se encontra indevidamente preso. Nada obsta que impetrante e paciente sejam a mesma pessoa.

O impetrante pode ser o advogado do paciente ou qualquer outra pessoa que encaminhe o pedido de **habeas corpus** à autoridade judiciária competente.

Acerca da possível ilegitimidade ou de dúvida sobre o interesse do paciente, o Supremo Tribunal Federal, por meio de seu Regimento Interno, estabeleceu que não se conhecerá de pedido desautorizado pelo paciente. Em havendo dúvida sobre o interesse do paciente, deverá ser intimado para que se manifeste formalmente sobre o mérito do **habeas corpus**.

Já o impetrado (ou autoridade coatora) será toda a autoridade pública[24] que, ilegalmente, viole o direito de locomoção do indivíduo. A identificação dessa autoridade é de grande relevância, pois é a partir daí que se verificará o órgão competente para processar e julgar esse *writ*.

7.2.6 Habeas corpus em face de atos praticados por CPI

As comissões parlamentares de inquérito, em contraposição ao Poder Judiciário, inserem-se no âmbito administrativo, no que tange aos atos por elas praticados.

Tanto o mandado de segurança quanto o **habeas corpus**, haja vista a natureza da CPI de órgão político-administrativo integrante do Congresso Nacional, serão processados e julgados perante o Supremo Tribunal Federal, ante a competência deste para julgar originariamente o mandado de segurança e

---

[24] Há divergências quanto à possibilidade de se impetrar **habeas corpus** em face de ato emanado de particular. Entendem ser possível: Fernando Capez (**in** Curso de Processo Penal. São Paulo: Saraiva, 8ª ed., 2002), Vicente Greco Filho (**in** Manual de Processo Penal. São Paulo: Saraiva, 6ª ed., 1999), Magalhães Noronha (**in** Curso de Direito Processual Penal. São Paulo Saraiva, 21ª ed., 1992), Julio Fabrini Mirabete (**in** Processo Penal. São Paulo: Atlas, 8ª ed.), Fernando da Costa Tourinho Filho (**in** Processo Penal. São Paulo: Saraiva, 23ª ed., 2001), Ada Pellegrini Grinover (**in** Recursos no Processo Penal. São Paulo: RT, 1996).
Não admitem a possibilidade de se impetrar **habeas corpus** contra ato particular: Hélio Bastos Tornaghi (**in** Curso de Processo Penal. São Paulo: Saraiva, 7ª ed., v. II, 1990), Sérgio Demoro Hamilton (**in** Temas de Processo Penal. Rio de Janeiro: Lumen Juris, 1998).

o **habeas corpus** impetrados em face dos atos praticados pelas Mesas da Câmara dos Deputados e do Senado Federal.

Em que pese não haver menção à competência para processar e julgar esses institutos em face dos atos praticados pela comissão parlamentar de inquérito, não há olvidar que esta faz parte do Parlamento, motivo por que não pairam dúvidas sobre a competência do Supremo Tribunal Federal para o caso concreto.

Embora existam duas espécies de **habeas corpus** – repressivo e preventivo –, percebe-se maior incidência deste.

A comissão possui poderes de investigação próprios das autoridades judiciais, o que não implicar dizer que ela se substitui por estas, pois existem matérias que estão sob reserva de jurisdição[25], ou seja, somente o Juiz poderá deliberar sobre esses assuntos.

Dentre os poderes conferidos à comissão parlamentar de inquérito, encontra-se o de dar voz de prisão ao investigado ou testemunha.

Como é firmado compromisso da pessoa que depõe na comissão, mentir ou silenciar-se ante as perguntas formuladas pelos membros da CPI ensejam, não raras vezes, a voz de prisão ao depoente por parte de membro da comissão parlamentar de inquérito.

Ora, como visto no item 5.8, ninguém é obrigado a produzir prova contra si a partir dos depoimentos na CPI. Exigir do investigado que responda todas as perguntas que lhe forem formuladas pode implicar violação a essa garantia individual, ou seja, ter-se-á prova obtida por meio ilícito, o que viola o disposto no art. 5°, LVI, da Constituição Federal, **in verbis**: "são inadmissíveis, no processo, as provas obtidas por meios ilícitos".

Percebe-se que não se trata de assunto **interna corporis** do Congresso Nacional, mas sim, nesse exemplo, de violação a direito e garantia fundamental, protegidos pela Constituição, o que se sujeita à tutela do Judiciário.

Nesse caso, ante a iminência do depoimento, pode o investigado valer-se do **habeas corpus** preventivo, com vistas a garantir que do seu silencio não decorra voz de prisão por meio dos membros da comissão parlamentar de inquérito, uma vez que ninguém é obrigado a produzir prova contra si, tampouco pode o seu silêncio ser considerado confissão de culpa.

O fato de à CPI serem conferidos poderes de investigação próprios de autoridades judiciais não significa que possa haver substituição destas. Há limites para a atuação dessas comissões, sob pena de intervenção do Poder Judiciário, não para influir no **modus operandi** da comissão parlamentar de

---

[25] Ver item 3.5.

inquérito, mas para garantir os direitos e garantias fundamentais do cidadão depoente.

É nesse sentido que não há falar em deferimento de **habeas corpus** genérico, sem um fato concreto que o ampare, sob pena de limitação dos trabalhos desenvolvidos pela comissão parlamentar de inquérito, o que poderia implicar intervenção indevida do Judiciário no Legislativo.

Por meio do HC 80584/PA (**in** DJ de 6.4.2001, p. 69), de relatoria do Ministro Néri da Silveira, foi concedida a segurança para o paciente ter o direito de permanecer em silêncio, em face das perguntas que lhe poderiam ser formuladas pelos membros da CPI. Por outro lado, pretendia-se também assegurar o direito de o paciente ser excluído, desde logo, do inquérito, a fim de não se ver "processado" pelos fatos decorrentes das apurações levadas a termo pela comissão parlamentar de inquérito. Este último pleito foi indeferido pelo Supremo Tribunal Federal, com a seguinte fundamentação extraída da Ementa desse *writ*:

> Não é cabível, sem exame de fatos concretos, reconhecer que esteja a CPI impedida de investigar os pacientes. Além disso, não há indicação de ato concreto e específico, por parte do órgão tido por coator, a evidenciar a prática de comportamento abusivo ou ilegal, ou ameaça à liberdade de ir e vir dos pacientes, o que não se há de ter como caracterizado pela só circunstância de convocação para depor na CPI.

Também por meio do HC 80089/RJ (**in** DJ de 29.09.2000, p. 71), de relatoria do Ministro Nelson Jobim, o Supremo Tribunal Federal assegurou a um Juiz o direito de não ser convocado para depor em CPI sobre decisão judicial, pois era cristalina a iminência de interferência do Poder Legislativo no Poder Judiciário. A ementa desse *writ* assim está descrita:

> HABEAS CORPUS PREVENTIVO. COMISSÃO PARLAMENTAR DE INQUÉRITO. CONVOCAÇÃO DE JUIZ. PRINCÍPIO DA INDEPENDÊNCIA DOS PODERES. Convocação de Juiz para depor em CPI da Câmara dos Deputados sobre decisão judicial caracteriza indevida ingerência de um Poder em outro. Habeas corpus deferido.

Assim sendo, não há falar o Judiciário deferir habeas corpus quando não houver caracterizado que o paciente sofreu ou está na iminência de se achar ameaçado de violência ou coação em sua liberdade de locomoção, por ilegalidade ou abuso de poder dos membros da comissão parlamentar de inquérito.

Ao contrário, em havendo violência ou sua iminência em relação ao direito de ir e vir do depoente na CPI, poder-se-á buscar a tutela jurisdicional para se assegurar essa garantia fundamental.

VIII
CONSIDERAÇÕES FINAIS

De acordo com o que foi exposto anteriormente, permitimo-nos formular algumas conclusões para reflexão sobre o controle jurisdicional dos atos praticados por comissão parlamentar de inquérito.

A Tripartição de Poderes consagrada em Montesquieu, da qual derivou o que a doutrina denominou *checks and balances*, fortalece o Estado Democrático de Direito consagrado no primeiro artigo da Constituição Federal, na medida em que um Poder, por meio dos institutos e nos limites consagrados no Texto Maior, pode controlar o outro, em especial o Judiciário a controlar os atos praticados pela CPI que violem direitos e garantias fundamentais.

As comissões parlamentares de inquérito constituem relevante instrumento de fiscalização exercido pelo Parlamento. Além do controle externo levado a termo com o auxílio do Tribunal de Contas da União, pode o Congresso Nacional exercer o controle diretamente por meio dessas Comissões, que possuem uma natureza jurídica híbrida político-administrativa. As competências e os poderes de investigação conferidos a essas comissões encontram o limite da reserva jurisdicional, bem como da preservação dos direitos e garantias fundamentais a serem tutelados pelo Poder Judiciário. Uma vez violados estes ou não observada aquela, compete, no caso da presente obra, ao Supremo Tribunal Federal extirpar do mundo jurídico o ato administrativo praticado pela CPI eivado de vícios insanáveis.

Os assuntos **interna corporis** do Congresso Nacional não se sujeitam ao crivo do Judiciário. Isso não implica dizer que todos os atos praticados por CPI passam ao largo da apreciação do STF. Os atos que violem direitos e garantias fundamentais, ainda que denominados **interna corporis** pelas comissões parlamentares de inquérito, sujeitam-se à apreciação da legalidade por parte do Pretório Excelso, ante o Sistema de Jurisdição Única consagrado no art. 5°, XXXV, da Constituição. Não é o **nome iuris** que determinará *judicial review* pelo STF, mas sim a natureza jurídica do ato praticado, conforme esteja ou não eivado de vícios.

A comissão parlamentar de inquérito deve observar as normas existentes no Direito pátrio. Como espécies destas, existem as regras e princípios. Em existindo uma regra, ela há de ser cumprida ou não. Não é possível a convivência de duas regras antagônicas, pois uma excluirá a outra. Já com os princípios isso não ocorre. Havendo dois princípios conflitantes em face de um mesmo caso concreto, aplica-se um em detrimento do outro, sem que isso implique a anulação deste. Violar um princípio é muito mais grave do que transgredir uma regra, pois aquele visa dar harmonia no sistema em que se insere. Deve, pois, a comissão parlamentar de inquérito observar os princípios, implícitos ou explícitos, principalmente aqueles que asseguram direitos e garantias fundamentais, sob pena de intervenção do Poder Judiciário.

Diversos assuntos controvertidos são verificados no desenvolvimento dos trabalhos realizados por comissão parlamentar de inquérito. É importante destacar que a apuração dos atos por ela praticados deve observar os limites de sua competência, em especial aqueles sujeitos à reserva jurisdicional. A CPI é competente para praticar todos os atos que não violem direitos e garantias fundamentais, bem como aqueles que não adentrem o espaço da reserva jurisdicional ou reserva de plenário, conforme o caso.

Em havendo violação a direito líquido e certo não amparado por **habeas corpus** ou **habeas data**, bem como violência ou coação na liberdade de locomoção por ato de membro de comissão parlamentar de inquérito, pode a pessoa sujeita a esses constrangimentos valer-se do mandado de segurança ou do **habeas corpus** junto ao STF para ver assegurado o seu direito.

Feitas essas considerações, pode-se, então, responder à pergunta formulada no capítulo introdutório deste trabalho.

A atuação do controle exercido pelo Poder Judiciário em face dos atos praticados pelas comissões parlamentares de inquérito encontra o limite dos atos **interna corporis** do Congresso Nacional, salvo quando, ainda que denominados **interna corporis** pelo Parlamento, violar norma legal ou direitos e garantias fundamentais da pessoa, bem como quando adentrar temas sob reserva de jurisdição.

IX
REFERÊNCIAS BIBLIOGRÁFICAS

ALENCAR, Jessé Cláudio Franco de. Comissões Parlamentares de Inquérito no Brasil. Rio de Janeiro: Renovar, 2005.

ALEXY, Robert. Teoria dos Direitos Fundamentais. Tradução de Virgílio Afonso da Silva. São Paulo: Malheiros Editores, 5ª ed. 2006.

BALEEIRO, Alimoar. Constituições Brasileiras: 1891. Brasília: Senado Federal e Ministério da Ciência e Tecnologia, Centro de Estudos Estratégicos, 2001.

CANOTILHO, J. J. Gomes. Direito Constitucional e Teoria da Constituição. 3ª ed. Coimbra: Livraria Almedina, 1999.

CAPEZ, Fernando. Curso de Processo Penal. 8ª ed. São Paulo: Saraiva, 2002.

COELHO, Inocêncio Mártires. Interpretação Constitucional. 3ª ed. São Paulo: Saraiva, 2007.

DALLARI, Dalmo de Abreu. Elementos de Teoria Geral do Estado. 20ª ed. São Paulo: Saraiva, 1998.

DI PIETRO, Maria Sylvia Zanella. Direito Administrativo. 17ª ed. São Paulo: Atlas, 2004.

DINAMARCO, Cândido Rangel. Instituições de Direito Processual Civil. 4ª ed. São Paulo: Malheiros Editores, 2004.

DONIZETTI, Eupídio. Curso Didático de Direito Processual Civil. 9ª ed. Rio de Janeiro: Lumen Juris, 2008.

FERREIRA, Dnar Mendes. Comissão Parlamentar de Inquérito. Rio de Janeiro: Revista Forense, v. 151, nº 607/608, jan.-fev., 1954.

FURTADO, Lucas Rocha. Curso de Direito Administrativo. Belo Horizonte: Editora Fórum, 2007.

GASPARINI, Diogenes. Direito Administrativo. 10ª ed. São Paulo: Saraiva, 2005.

GRECO FILHO, Vicente. Direito Processual Civil Brasileiro. 16ª ed., v. 3. São Paulo: Saraiva, 2003.

__________. Manual de Processo Penal. 6ª ed. São Paulo: Saraiva, 1999.

GRINOVER, Ada Pellegrini. Recursos no Processo Penal. São Paulo: RT, 1996.

GRINOVER, Ada Pellegrini; GOMES FILHO, Antonio Magalhães; FERNANDES, Antonio Scarance. Recursos no Processo Penal. São Paulo: Revista dos Tribunais, 4ª ed. 2004.

HAMILTON, Sérgio Demoro. Temas de Processo Penal. Rio de Janeiro: Lumen Juris, 1998.

ITAGIBA, Ivair Nogueira. Aperfeiçoamento do Estado Democrático. Rio de Janeiro: Revista Forense, nº 151, nº 607/608, jan.-fev, 1954.

JAQUES, Paulino. Comissão Parlamentar de Inquérito e Governo de Gabinete. Rio de Janeiro: Revista Forense, v. 151, nº 607/608, jan.-fev., 1954.

KELSEN, Hans. Teoria Geral do Direito e do Estado. 4ª ed. Tradução de Luís Carlos Borges. São Paulo: Martins Fontes, 2005.

________. Teoria Pura do Direito. 6ª ed. Tradução de João Baptista Machado. São Paulo: Martins Fontes, 1998.

LOCKE, John. Segundo Tratado sobre o Governo. São Paulo: Abril, 1978.

MALUF, Sahid. Teoria Geral do Estado. 23ª ed. São Paulo: Saraiva, 1995.

MARTINS, Ives Gandra da Silva. A Separação de Poderes no Brasil. Brasília: Programa Nacional de Desburocratização – PrND, Instituto dos Advogados de São Paulo, 1985.

MEIRELLES, Hely Lopes. Direito Administrativo Brasileiro. 34ª ed. São Paulo: Malheiros Editores, 2008.

________. Mandado de Segurança. 30ª ed. Atualizado por Arnold Wald e Gilmar Ferreira Mendes, com a colaboração de Rodrigo Garcia da Fonseca. São Paulo: Malheiros Editores, 2007.

MELLO, Celso Antônio Bandeira de. Curso de Direito Administrativo. 25ª ed. São Paulo: Malheiros Editores, 2008.

MENDES, Gilmar Ferreira; COELHO, Inocêncio Mártires; BRANCO, Paulo Gustavo Gonet. Curso de Direito Constitucional. São Paulo: Saraiva: 2007.

MIRANDA, Francisco Cavalcanti Pontes de. Comentários à Constituição de 1967. São Paulo: Revista dos Tribunais, 1967.

MONTESQUIEU, Charles Luis de Secondat. Do Espírito das Leis. Tradução de Jean Melville. São Paulo: Editora Martin Claret Ltda., 2006.

MORAES, Alexandre de. Direito Constitucional. 15ª ed. São Paulo: Atlas, 2004.

NOGUEIRA, Otaciano. Constituições Brasileiras: 1824. Brasília: Senado Federal e Ministério da Ciência e Tecnologia, Centro de Estudos Estratégicos, 2001.

NORONHA, Magalhães. Curso de Direito Processual Penal. 21ª ed. São Paulo Saraiva, 1992.

O Supremo Tribunal Federal e as Comissões Parlamentares de Inquérito. Brasília: Supremo Tribunal Federal, 2006.

OLIVEIRA FILHO, João de. Comissão Parlamentar de Inquérito. Rio de Janeiro: Revista Forense, nº 151, nº 607/608, jan.-fev, 1954.

PEIXINHO, Manoel Messias Peixinho; GUANABARA, Ricardo. Comissões Parlamentares de Inquérito: Princípios, Poderes e Limites. 2ª ed. Rio de Janeiro: Editora Lumen Juris, 2005.

PEREIRA, Agnaldo Costa. Comissões Parlamentares de Inquérito. Rio de Janeiro: Asa Artes Gráficas, 1948.

RANGEL, Paulo. Direito Processual Penal. 14ª ed. Rio de Janeiro: Lumen Juris, 2008.

SILVA, José Afonso da. Curso de Direito Constitucional Positivo. 28ª ed. São Paulo: Malheiros Editores, 2007.

THEODORO JÚNIOR, Humberto. Curso de Direito Processual Civil. 38ª ed. Rio de Janeiro: Forense, 2002.

TORNAGHI, Hélio Bastos. Curso de Processo Penal. 7ª ed., v. II. São Paulo: Saraiva, 1990.

TOURINHO FILHO, Fernando da Costa. Manual de Processo Penal. 8ª ed. São Paulo: Saraiva, 2006.

_________. Processo Penal. 23ª ed. São Paulo: Saraiva, 2001.

Impresso em abril de 2017